［過去問］

2024

東京学芸
大学附属 小金井小学校
入試問題集

JN124396

・問題内容についてはできる限り正確な調査分析をしていますが、入試を実際に受けたお子さんの記憶に
基づいていますので、多少不明瞭な点はご了承ください。

Shinga-kai

東京学芸大学附属小金井小学校
過去15年間の入試問題分析
出題傾向とその対策

2023年傾向

2021、2022年度の考査は男女別でそれぞれ1日でしたが、今年度は例年通り男女混合で2日間にわたり、第一次合格者を対象に抽選がありました。考査1日目はペーパーテストと集団テスト、考査2日目は集団テスト、運動テスト、個別テストを行いました。ペーパーテストでの幅広い範囲からの出題や、集団テストでのお手本の映像を見て同じものを作る巧緻性、運動テストの立ち幅跳びといった例年同様の内容に加え、過去2年実施のなかった個別テストで言語や生活習慣の課題が行われました。

傾　向

考査は例年2日間で、男女混合で1グループ約20人ずつに分かれ、1日目はペーパーテストと集団テスト、2日目は集団テストと運動テスト、個別テストが実施されています。2021、2022年度は男女別にそれぞれ1日で行われ、1グループは15〜20人、考査内容はペーパーテスト、集団テスト、運動テストでしたが、2023年度は例年通りとなりました。ペーパーテストは音声や口頭で出題され、集団テストの巧緻性の説明は映像を使って行われます。ペーパーテストは、話の記憶、数量、常識、推理・思考、構成、記憶などが出題され、話の記憶では短い話の中で要点をしっかり聞き取れるかが問われます。数量では積み木やばらばらに描いてあるものを数える課題、数の差や対応など、いろいろな角度から問題が出され、正解数だけ○をかくのではなく、おはじきの絵に1つずつ○をつけるなどの解答方法が取られています。常識は交通道徳、生活、仲間探し、季節などから出題され、推理・思考では四方図、重さ比べ、鏡映図、対称図形など、さまざまな問題が出されています。構成ではお手本の形を作るのに必要のない形や、パズルの中で欠けている形を探す観察力を見るものもあります。記憶は毎年のように出題されるこの学校の特徴的な課題です。絵の記憶が多く出され、お手本を細部までしっかり見る観察力も問われます。ペーパーテストの後には、集団テストとして巧緻性を見る課題が毎年出されています。例としては、指示通りに紙を折ったりちぎったりする課題、ひも通し、モールや布を使う課題などがあります。運動テストでは立ち幅

跳びが毎年出題され、ほかに指の屈伸、手の開閉、ひざの屈伸などの模倣体操や連続運動、ケンパーなどが行われます。リズムに合わせて前後左右にジャンプをする課題が連続して行われた年もありました。また2023年度は、2020年度まで実施されていた1人ずつ立ったままでの言語の課題、さらに2019、2020年度に実施された生活習慣の課題が行われました。2日目には集団ゲームを通した行動観察も出題されています。第二次では第一次合格者を対象に抽選が行われ、合格者を決定します。

対　策

さまざまな項目から出題されることが特徴なので、入試対策としては幅広い問題に対応できるように準備をしておくことが大切です。話の記憶は短い話に含まれる要素を逃さず聞き取り整理できるようにし、音声での出題に慣れておくとよいでしょう。数量は数える、比べるなど、10くらいまでの数の操作を確実にできるようにすることが肝心です。苦手な場合はプリントの練習だけでなく、具体物を使って質問の意味が理解できるようにしておきましょう。常識では、季節などのほか交通道徳の出題もありますので、幼稚園（保育園）の行き帰りや公共の乗り物に乗る機会などを利用し、年齢相応のルールとマナーを身につけておきましょう。推理・思考では、ペーパーに表されていることの意味が理解できずに間違えてしまうことがよくあります。やり方などを理解するためにもまずは指示を聞く姿勢を身につけ、重さ比べや鏡映図の課題などは、具体物を使って楽しく体験しながら理解を深めてください。本番での各項目からの出題はそれぞれ1問だけですから、偶然正解だった、間違っていたというレベルで終わってしまわないよう、具体物を用いたペーパー対策のくり返しで理解の定着を図ることが大切です。構成は、パズルのピースが1枚抜けていてあてはまるものを探す課題などの場合、絵を見るだけでなくピースの形をしっかり見分けなければなりません。観察力を身につけるために、間違い探しなどでポイントを見る力を養っておきましょう。そのほか、折り紙や積み木などを使った基本的な構成にも慣れておくとよいでしょう。集団テストでは、結ぶ、折る、ちぎる、ひも通しなど、手先を使う課題が出されています。お弁当箱をナプキンで包む、脱いだパジャマをたたんで巾着袋の中にしまい口を結ぶなど、経験が必要だと思われることを日常生活の中に上手に取り入れ、自然と身につけるようにしましょう。運動テストでは、立ち幅跳びや模倣体操、ケンパーなどを通し、年齢相応の体力やバランスのとれた身体能力が身についているかを見られます。90〜100cm前方の線が跳び越せるか、変則的なケンパーなどの跳び方ができるかなどを、公園で遊びながら試し、練習してみてください。ペーパーテストでは、指示を聞き取り確実に得点すること、集団テストでは、映像での説明を理解したうえである程度のスピードで制作活動をすること、運動テストでは、意欲を持ってキビキビと行動することを目指していきましょう。普段の生活で身の回りのことはスムーズに自分で行い、また集団の中でも積極的に行動できるバランスのよい子どもに成長させることが大事です。

年度別入試問題分析表

【東京学芸大学附属小金井小学校】

	2023	2022	2021	2020	2019	2018	2017	2016	2015	2014
ペーパーテスト										
話	○	○	○	○	○	○	○	○	○	○
数量	○	○	○	○	○	○	○	○	○	○
観察力										
言語					○		○	○		
推理・思考	○	○	○	○	○	○	○	○	○	○
構成力	○		○						○	
記憶	○	○	○	○	○	○	○	○	○	○
常識	○	○	○	○	○	○	○	○	○	○
位置・置換										
模写										
巧緻性										
絵画・表現										
系列完成						○		○		
個別テスト										
話										
数量										
観察力										
言語	○			○	○	○	○	○	○	○
推理・思考										
構成力										
記憶										
常識										
位置・置換										
巧緻性										
絵画・表現										
系列完成										
制作										
行動観察										
生活習慣	○			○	○					
集団テスト										
話										
観察力										
言語										
常識										
巧緻性	○	○	○	○	○	○	○	○	○	○
絵画・表現										
制作										
行動観察						○	○	○		
課題・自由遊び										
運動・ゲーム	○	○		○	○					
生活習慣										
運動テスト										
基礎運動										
指示行動										○
模倣体操	○	○	○						○	○
リズム運動						○	○			
ボール運動										
跳躍運動	○	○	○	○	○	○	○	○	○	○
バランス運動										○
連続運動								○	○	
面接										
親子面接										
保護者(両親)面接										
本人面接										

※この表の入試データは10年分のみとなっています。　　　　　　　　　　※伸芽会教育研究所調査データ

小学校受験Check Sheet

　お子さんの受験を控えて、何かと不安を抱える保護者も多いかと思います。受験対策はしっかりやっていても、すべてをクリアしているとは思えないのが実状ではないでしょうか。そこで、このチェックシートをご用意しました。1つずつチェックをしながら、受験に向かっていってください。

✳ ペーパーテスト編

①お子さんは長い時間座っていることができますか。

②お子さんは長い話を根気よく聞くことができますか。

③お子さんはスムーズにプリントをめくったり、印をつけたりできますか。

④お子さんは机の上を散らかさずに作業ができますか。

✳ 個別テスト編

①お子さんは長時間立っていることができますか。

②お子さんはハキハキと大きい声で話せますか。

③お子さんは初対面の大人と話せますか。

④お子さんは自信を持ってテキパキと作業ができますか。

✳ 絵画、制作編

①お子さんは絵を描くのが好きですか。

②お家にお子さんの絵を飾っていますか。

③お子さんははさみやセロハンテープなどを使いこなせますか。

④お子さんはお家で空き箱や牛乳パックなどで制作をしたことがありますか。

✳ 行動観察編

①お子さんは初めて会ったお友達と話せますか。

②お子さんは集団の中でほかの子とかかわって遊べますか。

③お子さんは何もおもちゃがない状況で遊べますか。

④お子さんは順番を守れますか。

✳ 運動テスト編

①お子さんは運動をするときに意欲的ですか。

②お子さんは長い距離を歩いたことがありますか。

③お子さんはリズム感がありますか。

④お子さんはボール遊びが好きですか。

✳ 面接対策・子ども編

①お子さんは、ある程度の時間、きちんと座っていられますか。

②お子さんは返事が素直にできますか。

③お子さんはお父さま、お母さまと3人で行動することに慣れていますか。

④お子さんは単語でなく、文で話せますか。

✳ 面接対策・保護者（両親）編

①最近、ご家族での楽しい思い出がありますか。

②ご両親の教育方針は一致していますか。

③お父さまは、お子さんのお家での生活や幼稚園・保育園での生活をどれくらいご存じですか。

④最近タイムリーな話題、または昨今の子どもを取り巻く環境についてご両親で話をしていますか。

2023 東京学芸大学附属小金井小学校入試問題

■ 選抜方法

| 第一次 | 考査は 2 日間で、受験番号順に男女混合の約20人単位で、1 日目にペーパーテストと集団テスト、2 日目に集団テスト、運動テスト、個別テストを行い、合格候補者を選出する。所要時間は両日とも40分〜 1 時間。 |

| 第二次 | 第一次合格者による抽選。附属幼稚園からの第一次合格者は抽選が免除される。 |

考査：1日目

ペーパーテスト
筆記用具は鉛筆を使用し、訂正方法は×（バツ印）。出題方法はテレビモニターと音声。

1 話の記憶

「はるかちゃんが工作をしています。最初に紙を丸く切りました。次にそれを半分に折り、周りにのりをつけて貼り合わせました。そして、クレヨンで色を塗りました」

・はるかちゃんが最初（または 2 番目など、グループにより出題が異なる）に使った道具に○をつけましょう。

2 絵の記憶

（テレビモニターにお手本の絵が10秒映し出された後、消える）
・今見た絵と同じものはどれですか。○をつけましょう。

3 数 量

・四角の中で一番多いのはどの動物ですか。その数だけ、下のおはじきに○をつけましょう。

4 数量（対応）

・左のお手本を、右側の折り紙を使って作ります。チューリップはいくつできますか。その数だけ、下のおはじきに○をつけましょう。

5 推理・思考（展開図）

グループにより、どちらかが出題される。

・左のサイコロを開くと、どのようになりますか。合うものを右から選んで○をつけましょう。

・左の形を組み立ててサイコロにすると、どのようになりますか。合うものを右から選んで○をつけましょう。

6 構　成

・右側のカードで左の絵を作ります。使わないカードを選んで○をつけましょう。

7 常識（交通道徳）

・電車がホームに着いたときの様子です。この中で、よくないことをしている人に○をつけましょう。

8 常識（想像力）

・一番大きな声を出している（または一番小さな声でお話しているなど、グループにより出題が異なる）様子の絵に○をつけましょう。

集団テスト

9 巧緻性

（テスターが絵のような手順で作り方を説明する映像を見た後、同じように作る）
ハンカチとひもが用意されている。
・プレゼントを作りましょう。
①ハンカチを長四角になるように半分に折る。
②さらに三つ折り（巻き三つ折りまたは外三つ折りなど、グループにより折り方は異なる）にする。
③ハンカチにしわができないようにひもを巻き、チョウ結びをする。

考査：2日目

集団テスト

🖥 集団ゲーム

説明とお手本をテレビモニターで見てから、4、5人のグループで行う。動物（ゾウ、キ

リンなど）、虫（トンボ、セミなど）、食べ物（ドーナツ、ペロペロキャンディなど）、乗り物（バス、飛行機など）の絵カードが並べられた机の周りを囲むように立つ。テスターが出す３つのヒントを聞き、あてはまる絵カードを取る。取った絵カードは上に挙げ、正解なら自分のカードとなり、不正解なら元の場所に戻す。絵カードには白いものとキラキラしたものがあり、白カードなら１ポイント、キラキラカードなら２ポイントとなる。何回かくり返し行い、取った絵カードのポイントを競う。３つのヒントを全部聞くまで取ってはいけない、取る手が重なったときは一番下の手の人がもらうというお約束がある。テスターが出す３つのヒントには「動物です。大きいです。鼻が長いです」「動物です。模様があります。首が長いです」「夏の虫です。空を飛べます。ミーンミーンと鳴きます」「食べ物です。丸いです。穴が開いています」「乗り物です。空を飛びます。お客さんを乗せます」などがある。

運動テスト

▣ 模倣体操

テスターの指示通りに、ひざの屈伸、その場でジャンプ、伸脚をする。

▣ 立ち幅跳び

踏切用のマットの上に足をそろえて立ち、前方に置いてあるマットの線を跳び越えるように立ち幅跳びをする。実際に行う前に、やり方の説明や注意点などをモニターで見る。

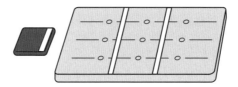

個別テスト

▣ 言　語

１人ずつ呼ばれて個別のブースに入り、立ったままでテスターの質問に答える。
・好きなお花は何ですか。それはどんなお花ですか。
・好きな動物は何ですか。それはどんな動物ですか。
・好きな乗り物は何ですか。それはどんな乗り物ですか。
・好きな場所はどこですか。それはどんな場所ですか。
・好きな遊びは何ですか。どんな遊びか詳しく教えてください。

・好きな本は何ですか。どんな本か詳しく教えてください。

※子どもによって質問内容が異なり、答えたことに対して理由や詳しい内容などをさらに
　質問される。

10 生活習慣

机の上に空の道具箱、クレヨン、筆箱、ふたの開いたつぼのり、セロハンテープが置いて
ある。

・机の上のものを、箱の中に重ならないようにきれいにしまってください。

1

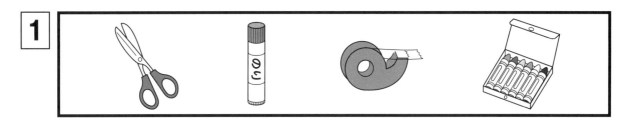

2

【お手本】

3

4

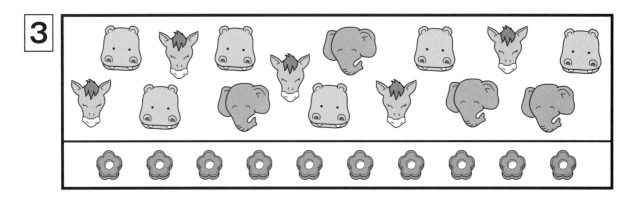

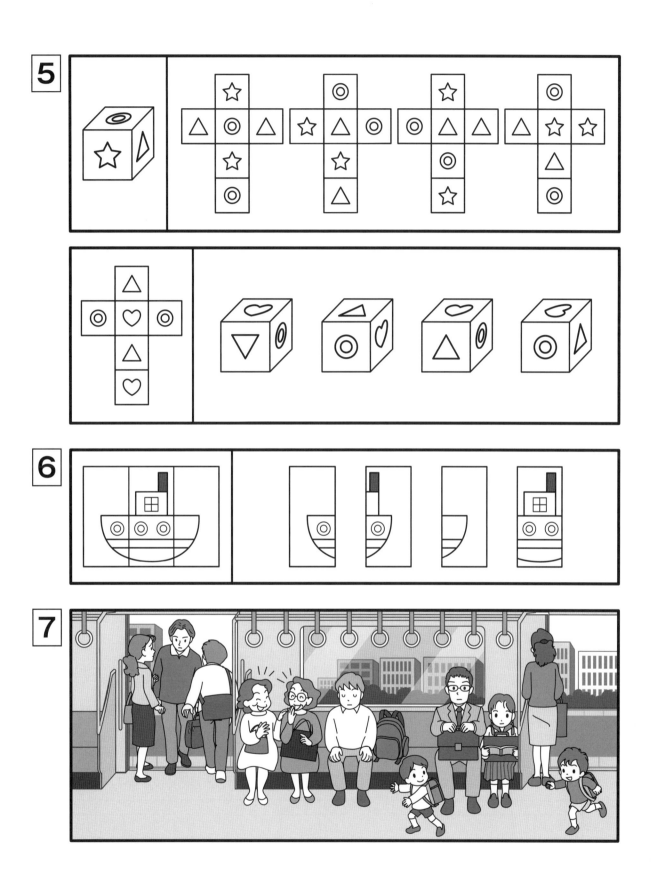

8

9

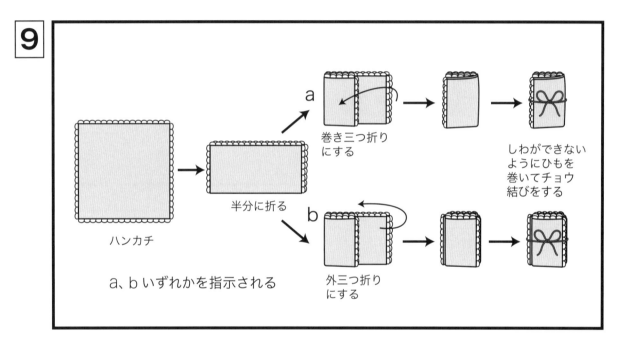

ハンカチ → 半分に折る

a、b いずれかを指示される

a　巻き三つ折りにする

b　外三つ折りにする

しわができないようにひもを巻いてチョウ結びをする

10

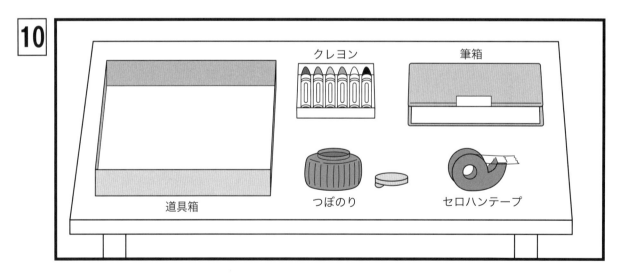

道具箱　クレヨン　筆箱　つぼのり　セロハンテープ

section 2022　東京学芸大学附属小金井小学校入試問題

■ 選抜方法

| 第一次 | 考査は1日で、受験番号順に男女別の約20人単位でペーパーテスト、集団テスト、運動テストを行い、合格候補者を選出する。所要時間は約1時間。 |

| 第二次 | 第一次合格者による抽選。附属幼稚園からの第一次合格者は抽選が免除される。 |

■ ペーパーテスト ▌ 筆記用具は鉛筆を使用し、訂正方法は×（バツ印）。出題方法はテレビモニターと音声。

1 話の記憶（男子）

「動物たちが遊園地に行きました。ウサギさんは観覧車に乗りました。タヌキ君はお化け屋敷に入りました。お化け屋敷の中でキツネさんに会いました。サルさんはジェットコースターに乗りました」

・タヌキ君が会った動物に○をつけましょう。

2 話の記憶（女子）

「動物たちがバスに乗って遠足に行きます。ゾウさんの前にはサル君が座りました。ゾウさんの隣にはウサギさんが座りました。ウサギさんの後ろにはキリン君が座りました。

・ゾウさんの隣に座った動物に○をつけましょう。

3 絵の記憶（男女共通）

（テレビモニターにお手本の絵が10秒映し出された後、消える）
・今見た絵と同じものはどれですか。○をつけましょう。

4 数量（男子）

・四角の中で一番多いのはどの動物ですか。その数だけ、下のおはじきに○をつけましょう。

5 数量（男女共通）

・ウサギとカメがジャンケンをしました。カメが勝った数だけ、下のおはじきに○をつけ

ましょう。

6 推理・思考（回転図形）（男女共通）

・左端の形を矢印の方向に2回倒すと、どのようになりますか。正しいものを右から選んで○をつけましょう。

7 推理・思考（四方図）（女子）

・男の子と女の子が左端のように水槽を見ています。女の子から見ると、水槽はどのように見えますか。右から選んで○をつけましょう。

8 常識（道徳）（男子）

・お店の中でいけないことをしている人がいます。その人とつながっている四角に○をかきましょう。

9 常識（生活習慣）（女子）

・食事をしている様子です。この中で、正しい食べ方をしている様子の絵に○をつけましょう。

10 常識（生活習慣）（女子）

・正しくおはしを持っている絵に○をつけましょう。

集団テスト

11 巧緻性

（テスターが絵のような手順で作り方を説明する映像を見た後、同じように作る）
用意されている封筒から、折り紙を取り出す。

（男子）
①折り紙が長四角になるように、同じ向きのまま3回半分に折る。
②折り紙を広げ、折り線が縦になるように置く。
③指1本分ほどの太さを下から折り返す。
④折り返したところを広げ、できた線まで縦の折り線に沿って手でちぎる。

（女子）
①折り紙が長四角になるように、同じ向きのまま3回半分に折る。

②折り紙を広げ、折り線が縦になるように置く。

③上下ともに、指1本分ほどの太さを折り返す。

④折り返したところを広げ、まず縦の折り線を上からちぎる。下の横の折り線までちぎったら、今度は次の縦の折り線を下からちぎる。上の横の折り線までちぎったら、次の縦の折り線は上からちぎる。これをくり返して、縦の折り線をすべて互い違いにちぎる。

集団ゲーム

4、5人のグループで行う。動物（ゾウ、キリン）、虫（トンボ、セミ）、食べ物（ドーナツ、ペロペロキャンディ）、乗り物（バス、飛行機）の絵カードが並べられた机の周りを囲むように立つ。テスターが「食べ物です。丸いです。穴が開いています」などヒントを3つ出す。それが何かわかった時点で答えの絵カードを取って高く上げる。正解なら自分のカードとなり、不正解なら元の場所に戻す。カードに同時に触ったときは、ジャンケンで決める。5回ほどくり返し行い、取ったカードの枚数を競う。

運動テスト

模倣体操

テスターの指示通りに、ひざの曲げ伸ばしをする。

立ち幅跳び

踏切用のマットの上に足をそろえて立ち、前方に置いてあるマットの線を跳び越えるように立ち幅跳びをする。実際に行う前に、やり方の説明や注意点などをモニターで見る。

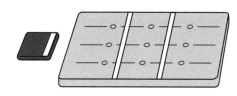

1

2

3

【お手本】

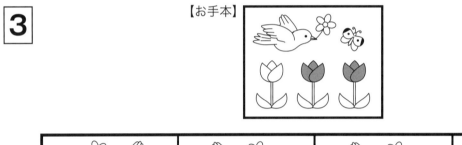

4

5
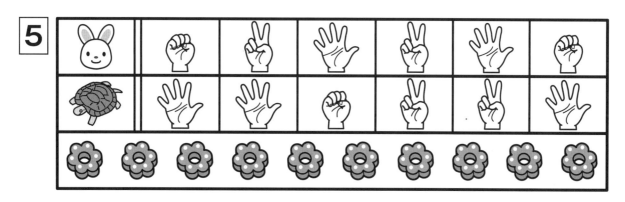

6
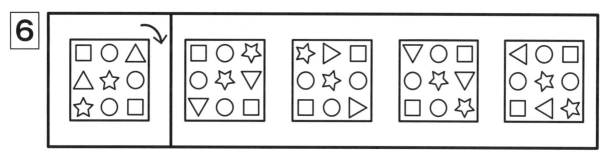

7
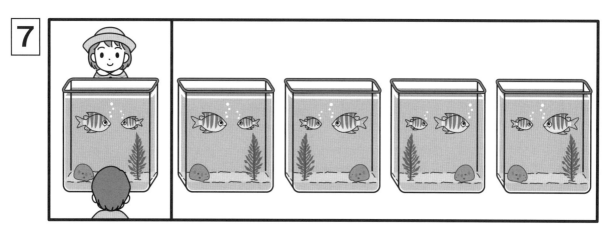

8

9

10

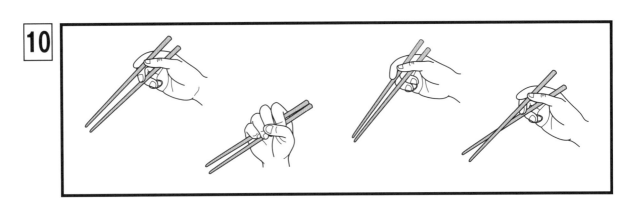

11

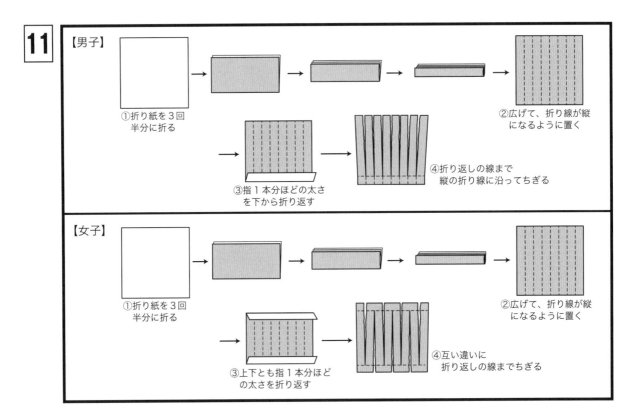

【男子】

①折り紙を3回
半分に折る

②広げて、折り線が縦
になるように置く

③指1本分ほどの太さ
を下から折り返す

④折り返しの線まで
縦の折り線に沿ってちぎる

【女子】

①折り紙を3回
半分に折る

②広げて、折り線が縦
になるように置く

③上下とも指1本分ほど
の太さを折り返す

④互い違いに
折り返しの線までちぎる

section
2021 東京学芸大学附属小金井小学校入試問題

■ 選抜方法

| 第一次 | 考査は1日で、受験番号順に男女別の約15人単位でペーパーテスト、集団テスト、運動テストを行い、合格候補者を選出する。所要時間は約1時間。 |

| 第二次 | 第一次合格者による抽選。附属幼稚園からの第一次合格者は抽選が免除される。 |

■ ペーパーテスト ▌ 筆記用具は鉛筆を使用し、訂正方法は×（バツ印）。出題方法はテレビモニターと音声。

1 話の記憶（男子）

「チョウチョが公園に散歩に行きました。シーソーではバッタが遊んでいました。砂場ではダンゴムシが、ブランコではミツバチが遊んでいました」

・シーソーで遊んでいた生き物に○をつけましょう。
・ダンゴムシが遊んでいた場所に○をつけましょう。

2 話の記憶（女子）

「アリが穴から出てきて公園に散歩に行きました。すべり台ではザリガニが、ジャングルジムではトカゲが遊んでいました。木にはセミがとまっていて『ミーン』と鳴いていました」

・ジャングルジムで遊んでいた生き物に○をつけましょう。
・ザリガニが遊んでいた場所に○をつけましょう。

3 常識（想像力）（男女共通）

（テレビモニターに、イヌとネコが積み木で遊んでいる様子をウサギが見ている場面が映り、音声が流れる）
「イヌさんとネコさんが積み木で遊んでいました。ウサギさんが『入れて』と言うと、ネコさんが『イヤだ』と言いました」
・このときウサギさんはどんな気持ちになったと思いますか。ウサギさんの顔に○をつけましょう。

4 構成（男子）

・左端の形は、4枚の真四角のカードでできています。この4枚のカードで右の形を作るとき、どのように向きを変えてもできない形があります。その形に〇をつけましょう。

5 構成（女子）

・左端の形を作るときに使うものはどれですか。右から2つ選んで〇をつけましょう。

6 数量（男子）

・四角の中で一番多いのはどの虫ですか。その数だけ、下のおはじきに〇をつけましょう。

7 数量（女子）

・四角の中で一番少ないのはどの動物ですか。その数だけ、下のおはじきに〇をつけましょう。

8 推理・思考（四方図）（男女共通）

・動物たちが右のようにポットを見ています。ポットが左のように見えているのはどの動物ですか。下から選んで〇をつけましょう。

9 常識（交通道徳）（男子）

・バスの中でいけないことをしている人が3人います。その人とつながっている四角に〇をかきましょう。

10 常識（道徳）（女子）

・道路を歩きながらいけないことをしている人が3人います。その人とつながっている四角に〇をかきましょう。

11 絵の記憶（男女共通）

（テレビモニターにお手本の絵が10秒映し出された後、消える）
・今見た絵と同じものはどれですか。〇をつけましょう。

集団テスト

12 巧緻性

（テスターが絵のような手順で作り方を説明する映像を見た後、同じように作る）

用意されている封筒から、折り紙、洗濯ばさみを取り出す。

（男子）

・首飾りを作りましょう。

①折り紙が長四角になるように、同じ向きのまま3回半分に折る。

②折り紙を広げ、できた線を手でちぎっていく。線の最後までちぎらず端を少し残しておき、次の線は反対側からちぎる。同様に全部の折り線を互い違いにちぎる。

③長く1本になった折り紙の端と端を少し重ねて、洗濯ばさみで留める。

（女子）

・タコを作りましょう。

①折り紙が長四角になるように、同じ向きのまま3回半分に折る。

②折り紙を広げ、できた線を下から半分くらいまで手でちぎる。

③同様にくり返してタコの8本の足ができたら、上のちぎっていない方を少し折り返し、折り目の部分2ヵ所を半円にちぎる。

④ちぎった後開いてタコの丸い目ができたら、折り紙を筒状に丸め、端と端を少し重ねて洗濯ばさみで留める。

運動テスト

■ ひざの屈伸

指示通りひざの曲げ伸ばしをする。

■ 立ち幅跳び

踏切用のマットの上に足をそろえて立ち、前方に置いてあるマットの線を跳び越えるように立ち幅跳びをする。実際に行う前に、やり方の説明や注意点などをモニターで見る。

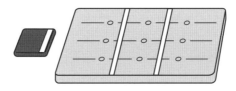

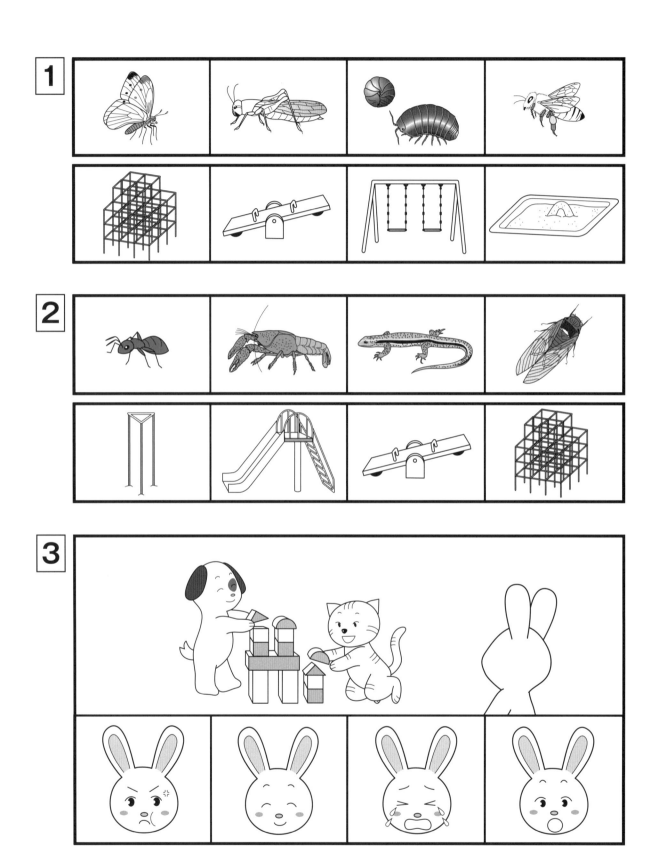

4

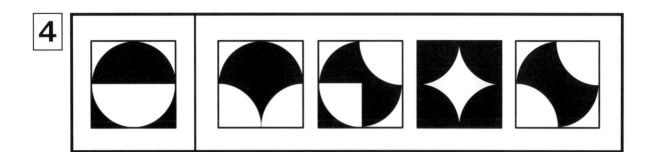

5

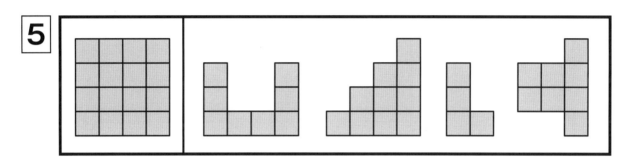

6

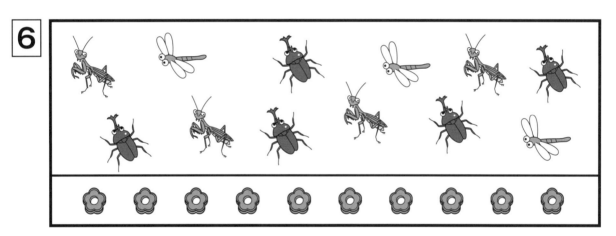

7

8

9

10

11

【お手本】

12

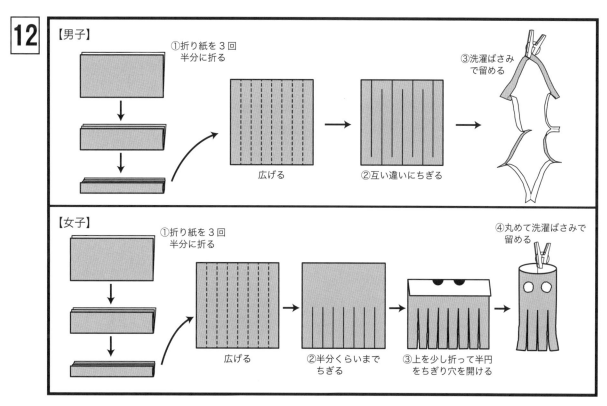

section
2020 東京学芸大学附属小金井小学校入試問題

■ 選抜方法

| 第一次 | 考査は2日間で、受験番号順に男女混合の約20人単位で、1日目にペーパーテストと集団テスト、2日目に集団テスト、運動テスト、個別テストを行い、合格候補者を選出する。所要時間は両日とも30〜50分。 |

| 第二次 | 第一次合格者による抽選。附属幼稚園からの第一次合格者は抽選が免除される。 |

考査：1日目

■ ペーパーテスト

筆記用具は鉛筆を使用し、訂正方法は×（バツ印）。出題方法は話の記憶のみ音声放送でそのほかは口頭。

1 話の記憶

「キンギョとメダカとオタマジャクシが泳ぐ競争をしました。カエルは池の外からみんなの応援をしていました。メダカは泳ぐ練習をたくさんしていたので、初めにゴールに着きました。オタマジャクシは2番目に速く泳いでいましたが、ゴールの少し前でキンギョに追い抜かれてしまいました」

・2番目にゴールに着いた生き物に○をつけましょう。

2 絵の記憶

（上のお手本を10秒ほど見せた後隠し、下の絵を見せる）
・今見た絵と同じものに○をつけましょう。

3 常　識

・この中で命のあるもの全部に○をつけましょう。

4 推理・思考

・左端の絵は、いくつかのものが重なっている影です。右の四角の中から重なっているものを全部選んで、○をつけましょう。

5 数　量

・上の四角のイチゴは、リンゴよりいくつ多いですか。その数だけ、下のおはじきに○を
つけましょう。

6 **数量（対応）**

・洗濯ばさみと棒とペットボトルのふたを使って、左端のような車を作ります。右にある
材料を使うと、同じ車は全部で何台できますか。その数だけ、下のおはじきに○をつけ
ましょう。

7 **常識（生活）**

・お客さんにお食事の用意をします。正しく用意ができている絵に○をつけましょう。

8 **推理・思考（四方図）**

・左のテーブルの上のマス目に、今日のおやつの動物クッキーがのっています。では、右
のマス目を見てください。女の子から見ると、マス目の太い線で囲まれたところにはど
の動物クッキーがのっていますか。下から選んで○をつけましょう。

集団テスト

9 **巧緻性**

（テスターが絵のような手順で作り方を説明する映像を見た後、同じように作る）
Ｂ４判の画用紙、ヘアゴムが用意されている。
・望遠鏡を作りましょう。
①画用紙をお手本と同じ向きに置き、細く丸めて筒を作る。
②筒の端に近いところにゴムをかけ、１回ねじってできた丸をもう一度筒にかける。
③二重にかかったゴムを筒の真ん中にずらす。

考査：2日目

集団テスト

▨ **ジャンケン列車**

テスターがタンバリンをたたいている間、行進をする。タンバリンの音が止まったら、近
くのお友達とジャンケンをして、負けた人は勝った人の後ろにつき肩に両手を置いてつな
がる。２つの長い列車になるまでこれをくり返す。２回行う。

運動テスト

■ 立ち幅跳び

決められた立ち位置の上に足をそろえて立ち、前方に置いてあるマットの白い線を跳び越えるように立ち幅跳びをする。待っているときは、床のバツ印の上に体操座りをする。

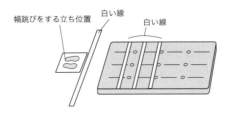

幅跳びをする立ち位置　　白い線　　白い線

個別テスト

■ 言　語

1人ずつ呼ばれて個別のブースに入り、立ったままでテスターの質問に答える。

・好きな遊びは何ですか。

※そのほかに、好きな料理、絵本、動物など、子どもによって質問内容が異なる。また、答えたことに対して理由や詳しい内容などをさらに質問される。

10 生活習慣

机の上にクレヨン2本、クレヨンの箱、筆箱、つぼのり、セロハンテープが置いてあり、隣の机には道具箱が置いてある。

・机の上のものを、隣の机にある箱の中に、重ならないようにきれいにしまってください。

1

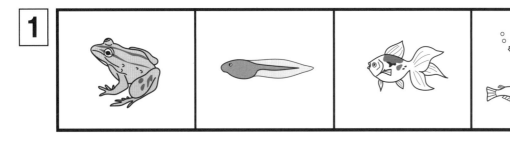

2

3

4

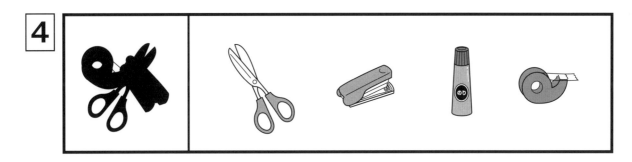

5

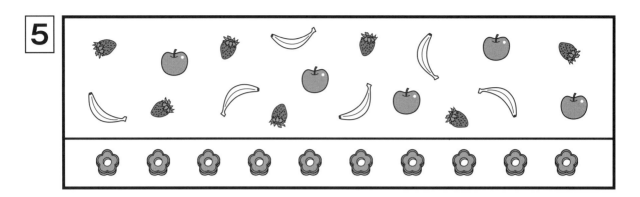

6

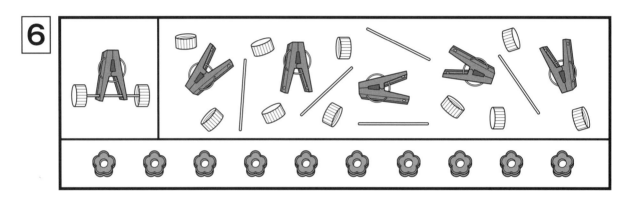

7

8

9

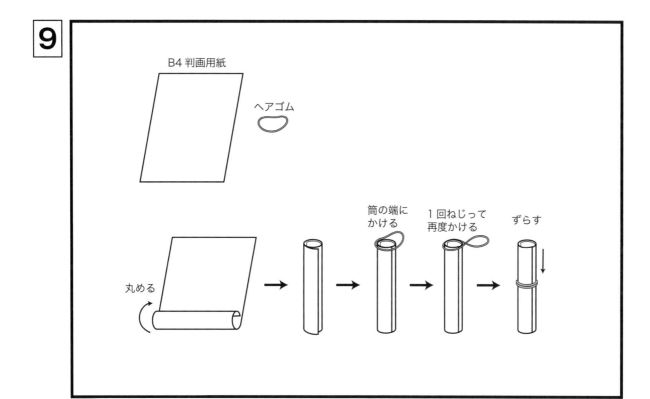

10

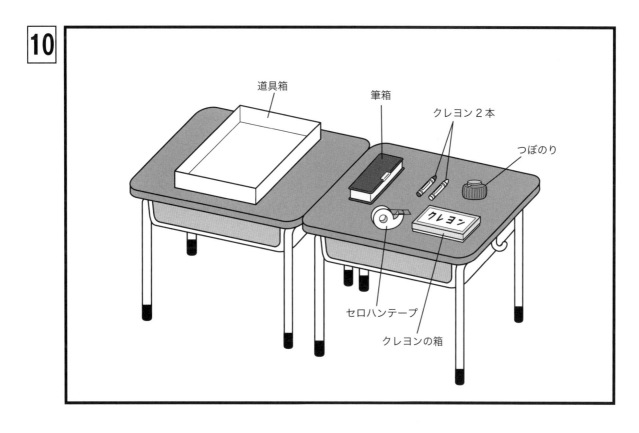

2019 東京学芸大学附属小金井小学校入試問題

■ 選抜方法

| 第一次 | 考査は2日間で、受験番号順に男女混合の約20人単位で、1日目にペーパーテストと集団テスト、2日目に集団テスト、運動テスト、個別テストを行い、合格候補者を選出する。所要時間は両日とも約30分。 |

| 第二次 | 第一次合格者による抽選。附属幼稚園からの第一次合格者は抽選が免除される。 |

考査：1日目

■ ペーパーテスト
筆記用具は鉛筆を使用し、訂正方法は×（バツ印）。出題方法は話の記憶のみ音声放送でそのほかは口頭。

1 話の記憶

「動物たちがジャンケンをしました。『ジャンケンポン』。キツネさんはチョキ、タヌキ君はグー、ウサギさんはパーを出しました。あいこだったので、もう一回ジャンケンをしました。『あいこでしょ』。キツネさんはグー、タヌキ君はパー、ウサギさんもパーを出しました。タヌキ君とウサギさんは『やった！』と喜びました。キツネさんは『あーあ、負けちゃった』と言いました」

・2回とも同じ手を出した動物に○をつけましょう。

2 絵の記憶

（上のお手本を20秒見せた後隠し、下の絵を見せる）
・今見た絵と同じものに○をつけましょう。

3 常識（季節）

・左のそれぞれの段には、季節ごとの楽しいことの絵が3つずつ描いてあります。星印のところに入るものを右から選んで○をつけましょう。

4 言　語

・上に描いてあるものの名前が入っている遊びを、下から選んで点と点を線で結びましょう。

5 推理・思考（鏡映図）

・鏡の前で女の子が歯を磨いています。鏡には、女の子はどのように映っているでしょうか。下から選んで○をつけましょう。

6 数　量

・上の絵の中で一番多いものはいくつありますか。その数だけ下のおはじきに○をつけましょう。

7 数　量

・描かれているチューリップ全部とヒマワリ全部では、いくつ違いますか。違う数だけ下のおはじきに○をつけましょう。

8 推理・思考（対称図形）

・左端のように折り紙を折り、黒いところをハサミで切って広げるとどのようになりますか。右から選んで○をつけましょう。

集団テスト

9 巧緻性

（テスターが絵のような手順で作り方を説明する映像を見た後、同じように作る）
横に１本線がかかれた画用紙、綴じひも１本、２ヵ所に穴が開いている透明の袋が用意されている。
・お母さんにあげるお手紙を作りましょう。
①線がかかれた画用紙を裏返し、右辺が下辺にそろうように三角に折る。
②一度折り目を広げて、斜めに入った折り線の左上の端を目安にして縦に折る。裏返して、蛇腹折りになるように半分に折る。
③透明の袋に、線が手前に見えるようにして入れる。
④２つの穴に綴じひもを通してチョウ結びにする。

考査：2日目

集団テスト

◼ ジャンケン列車

テスターがタンバリンをたたいている間、行進をする。タンバリンの音が止まったら、近くのお友達とジャンケンをして、負けた人は勝った人の後ろにつき肩に両手を置く。これをくり返して長くつながっていく。2回行う。

運動テスト

◼ 立ち幅跳び

印の上に足をそろえて立ち、前方に置いてあるマットの線を跳び越えるように立ち幅跳びをする。

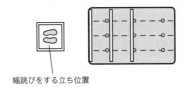

幅跳びをする立ち位置

個別テスト

◼ 言　語

1人ずつ呼ばれてテスターのところまで行き、立ったままで質問に答える。待っている間は座る。

・好きな遊びは何ですか。

※そのほかに、好きな食べ物、季節、絵本、乗り物、動物など、子どもによって質問内容が異なる。また、答えたことに対して理由や詳しい内容などをさらに質問される。

10 生活習慣

机の上にクレヨン2本、クレヨンの箱、筆箱、つぼのり、セロハンテープが置いてあり、隣の机には道具箱が置いてある。

・机の上のものを、隣の机にある箱の中に、重ならないようにきれいにしまってください。

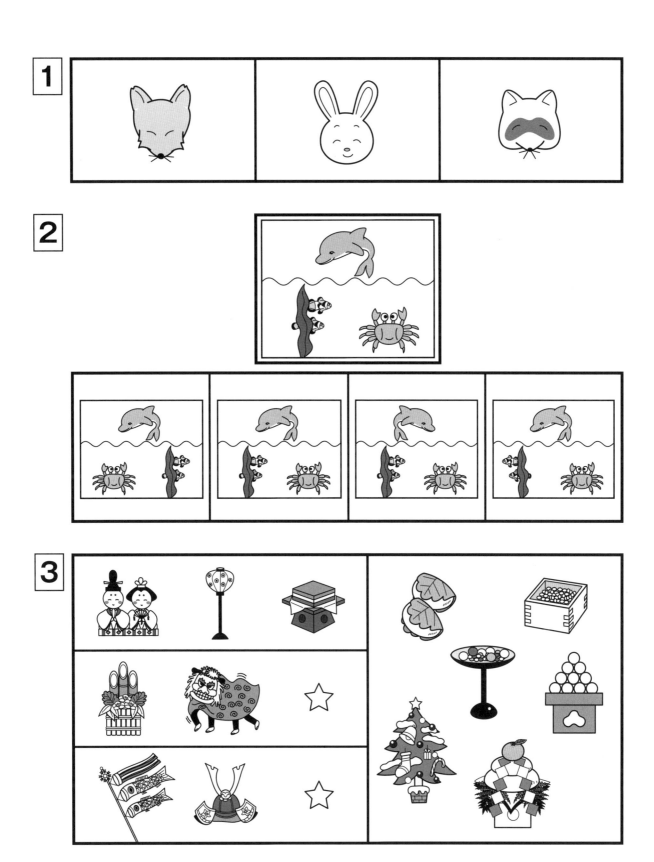

4

5

6

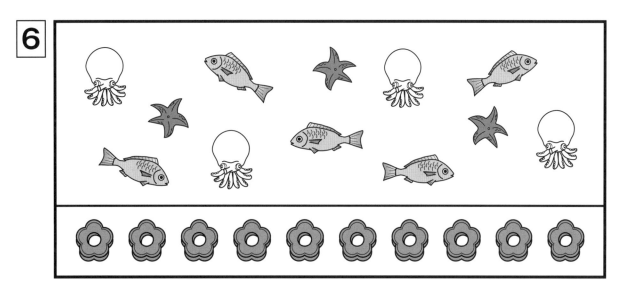

7

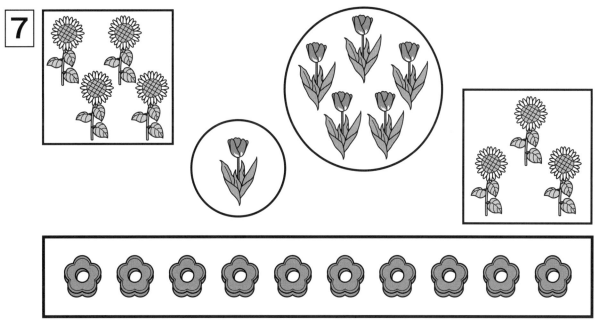

8

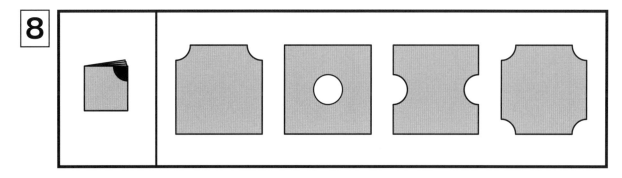

9

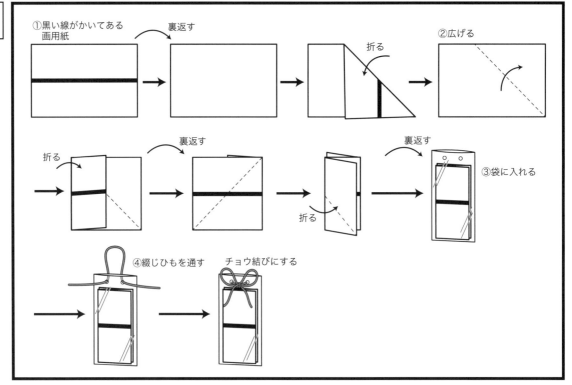

①黒い線がかいてある　裏返す　　　　　　　　　折る　　　②広げる
画用紙

折る　　　　　　　裏返す　　　　　　　　　　　　　裏返す
　　　　　　　　　　　　　　　　　　　　　　　　　　③袋に入れる
　　　　　　　　　　　　　　　　折る

④綴じひもを通す　チョウ結びにする

10

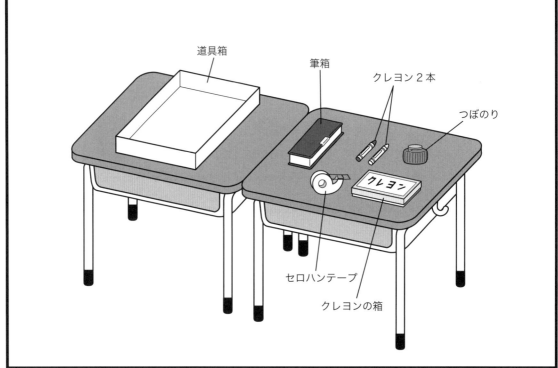

道具箱　　　　筆箱　　　クレヨン2本　　　つぼのり

セロハンテープ

クレヨンの箱

section 2018 東京学芸大学附属小金井小学校入試問題

■ 選抜方法

| 第一次 | 考査は2日間で、受験番号順に男女混合の約20人単位で、1日目にペーパーテストと集団テスト、2日目に集団テスト、運動テスト、個別テストを行い、合格候補者を選出する。所要時間は両日とも約30分。 |

| 第二次 | 第一次合格者による抽選。附属幼稚園からの第一次合格者は抽選が免除される。 |

考査：1日目

■ ペーパーテスト

筆記用具は鉛筆を使用し、訂正方法は×（バツ印）。出題方法は話の記憶のみ音声放送でそのほかは口頭。

1 話の記憶

「今日はサルさんの誕生日です。ウサギさんはプレゼントにイチゴを用意しました。イヌさんはリンゴを用意しました。ネコさんはブドウを用意しました。楽しいお誕生日会になるとよいですね」

・ネコさんが用意したものに○をつけましょう。

2 数 量

・絵の中で一番多い虫を探して、その数だけ下のおはじきに○をつけましょう。

3 数量（対応）

・絵の中のお花を花瓶に1本ずつ入れていくと、お花は何本余りますか。その数だけ下のおはじきに○をつけましょう。

4 絵の記憶

（左のお手本を20秒見せた後隠し、右の絵を見せる）
・今見た絵と同じものに○をつけましょう。

5 系列完成

・マス目に、いろいろな果物が決まりよく並んでいます。並び方がおかしいマス目に1つ

ずつ○をつけましょう。

6 推理・思考（四方図）

・左端の絵は、帽子を上から見た様子です。この帽子を横から見るとどのように見えますか。右から選んで○をつけましょう。

7 常識（季節）

・秋にお店で売っているものに○をつけましょう。

8 常識（仲間探し）

・上の絵と仲よしのものを下から探して、点と点を線で結びましょう。

▌ 集団テスト

🔲 巧緻性

（絵のようにテスターが作り方を説明する映像を見た後、以下の手順で行う。作るものはグループによって異なる）
綴じひも1本と約2cmの長さの太めのストローが用意されている。
・雪ダルマ（またはチョウチョ）を作りましょう。
①綴じひもの両端を、それぞれストローに通す。
②ストローに通した先の長さを左右でそろえる。
③綴じひもの先を縄跳び結びにする。
④雪ダルマ：結び目のある方を下にして、雪ダルマの形になるよう整える。
　チョウチョ：ストローを縦にして、チョウチョの形になるよう整える。

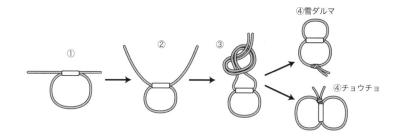

考査：2日目

▌ 集団テスト

🔖 行動観察

テスターがたたいたタンバリンの音の数だけ手をたたく。その後、たたいた音の数と同じ人数のグループをつくり、手をつないで座る。

運動テスト

🔖 ケンパー

指定された線からスタートしてケンパーケンパーケンケンパー（またはケンケンパーパーケンパーパー）で進み、別の指定された線に並ぶ。

🔖 立ち幅跳び

前方に置いてあるマットの線を跳び越えるように足をそろえて幅跳びをする。

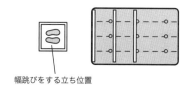

幅跳びをする立ち位置

個別テスト

🔖 言　語

1人ずつ呼ばれてテスターのところまで行き、立ったままでお話しする。待っている間は座る。リンゴ、ブドウ、ミカンのパックジュースが机の上に置かれている。
・一番好きなジュースを取ってください。先生も1つ取ります（テスターもジュースを1つ手に取る）。
・先生が取ったのは何のジュースですか。
・あなたが取ったのは何のジュースですか。
・余ったのは何のジュースですか。

1

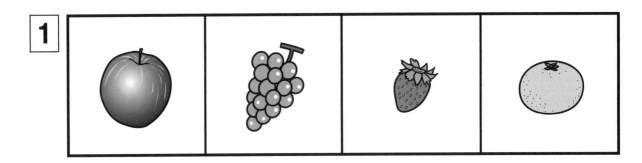

2

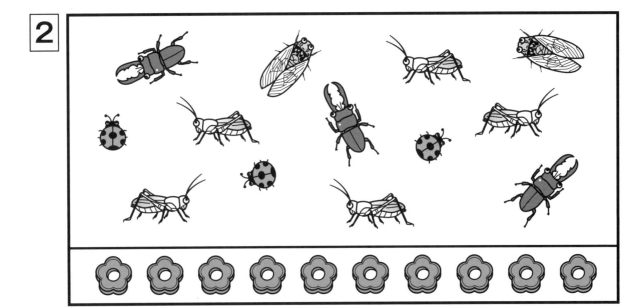

3

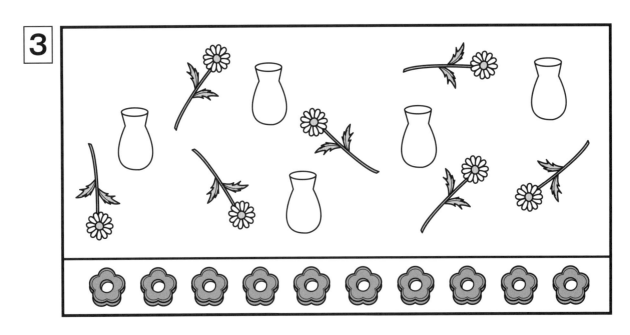

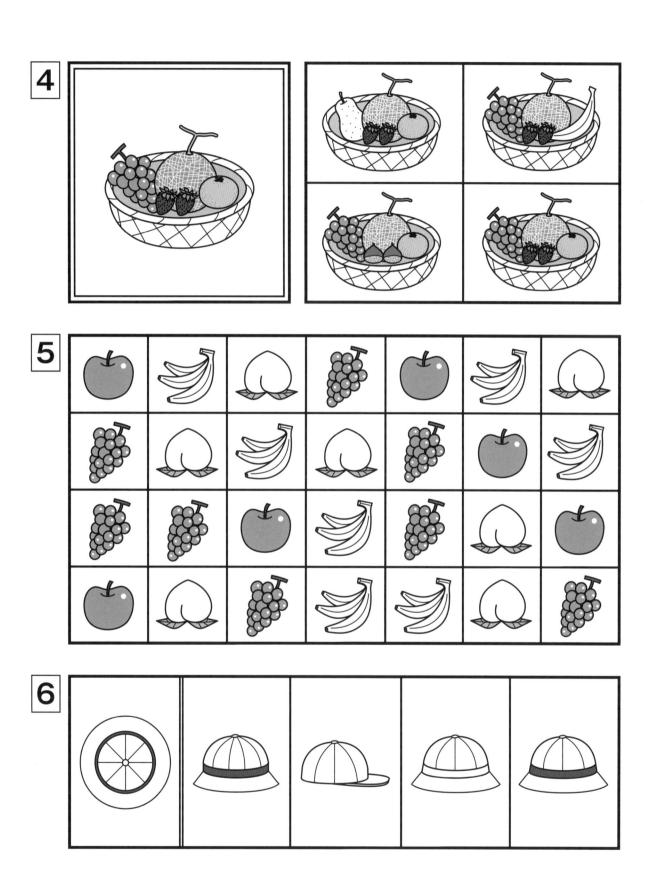

7

8

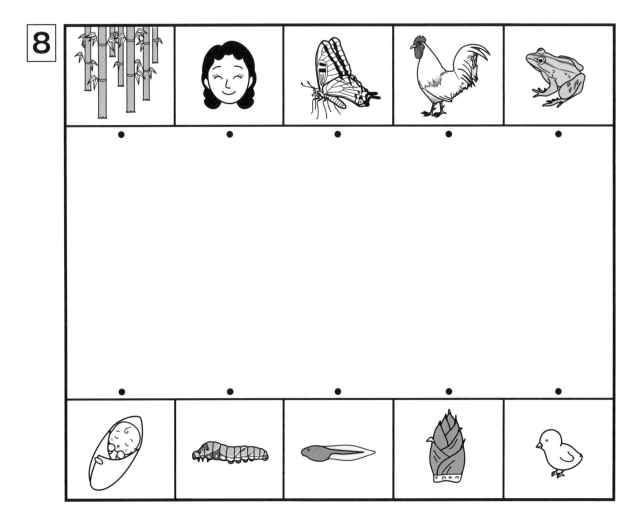

section
2017 東京学芸大学附属小金井小学校入試問題

■ 選抜方法

第一次	考査は2日間で、受験番号順に男女混合の約20人単位で、1日目にペーパーテストと集団テスト、2日目に集団テスト、運動テスト、個別テストを行い、合格候補者を選出する。所要時間は両日とも約30分。
第二次	第一次合格者による抽選。附属幼稚園からの第一次合格者は抽選が免除される。

考査：1日目

┃ ペーパーテスト ┃ 筆記用具は鉛筆を使用し、訂正方法は×（バツ印）。出題方法は話の記憶のみ音声放送でそのほかは口頭。

1 話の記憶

「夏休みが終わり、動物さんたちが幼稚園でお話ししています。イヌ君が、『僕は海に行ってたくさん泳いだよ。海水が冷たくてとても気持ちがよかったし楽しかった！』と言いました。するとネコさんが『わたしは泳げないからうらやましいわ。わたしは、野原にお花を摘みに行ったの。きれいなお花をつなげてネックレスを作ったのよ』と言いました。今度はキツネ君が、『僕は山に登ってたくさんの木の実を採ったよ。冬になったら食べ物が少なくなるから、今のうちに集めておくんだ。そうそう、山に行く途中の池でウサギさんを見たよ。魚釣りをしていて、大きな声で呼んでみたんだけど返事がなかったんだ。居眠りしていたのかな』とお話ししました。キツネ君のお話を聞いて、みんなはクスクス笑いました。『ウサギさんは魚を釣れたのかしら。もうすぐ来るから聞いてみましょう』とネコさんが言いました」

・山に登って木の実を採った動物に○をつけましょう。

2 絵の記憶

（上のお手本を20秒見せた後隠し、下の絵を見せる）
・今見た絵と同じものに○をつけましょう。

3 言語（しりとり）

・上の4つの四角の中の絵は、しりとりでつながるように並んでいます。空いている四角

には何が入るとよいですか。下から選んで、左から2番目の四角に入るものには○、右端の四角に入るものには◎をそれぞれつけましょう。

4 数量（対応）

・右の四角の中の形を組み合わせて左の四角の中のお手本と同じトラックを作ります。トラックはいくつできますか。その数だけ下のおはじきに○をつけましょう。

5 数量（対応）

・絵の中のスズメがカキを1つずつ食べると、カキはいくつ余りますか。その数だけ下のおはじきに○をつけましょう。

6 数　量

・左の積み木は全部でいくつありますか。その数だけ右のおはじきに○をつけましょう。

7 推理・思考

・左の絵は、色々な形の積み木を積み上げて作ったお手本を上から見た様子です。右のそれぞれの段で、積み木をそのすぐ左にある積み木の上に積んでいきます。矢印の順番で積み木を積んだとき、お手本と同じものができる段に○をつけましょう。

8 常識（昔話）

・上の昔話と仲よしのものを下から探して、点と点を線で結びましょう。

集団テスト

巧緻性

（絵のようにテスターが作り方を説明する映像を見た後、以下の手順で行う）
ひも1本とビーズ2個が用意されている。
・サクランボを作りましょう。
①ひもを半分に折り、輪になっている方の近くで2本一緒に縄跳び結びで1回結ぶ。
②それぞれのひもの端にビーズを通し、ビーズが抜けないようにひもの先を玉結びにする。

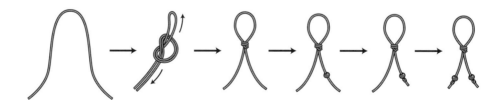

考査：2日目

集団テスト

行動観察

テスターがたたいたタンバリンの音の数だけ手をたたく。その後、たたいた音の数と同じ人数のグループをつくり、手をつないで座る。

運動テスト

ケンパー

ケンケンケン、パーパー、ケンパーパーで進む。

立ち幅跳び

前方に置いてあるマットの線を跳び越えるように足をそろえて幅跳びをする。

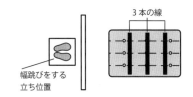

個別テスト

言　語

1人ずつ呼ばれてテスターのところまで行き、立ったままでお話しする。待っている間は座る。

・好きな遊びは何ですか。

・遊んでいるときにお友達から意地悪をされたり、言われたりしたらどうしますか。

※そのほかに、お友達が泣いていたらどうするか、並んでいるときに横入りをされたらどうするかなど、子どもによって質問内容が異なる。

1

2

3

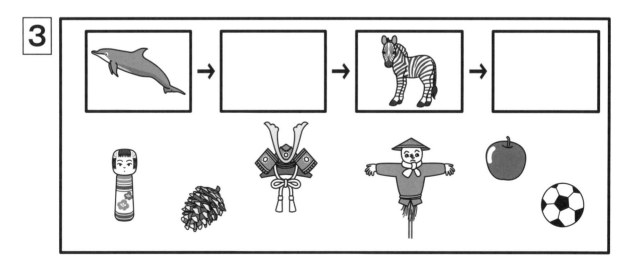

4

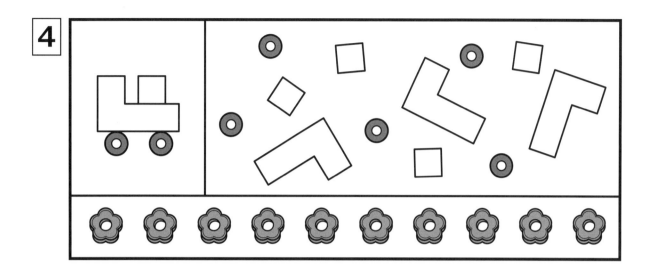

5

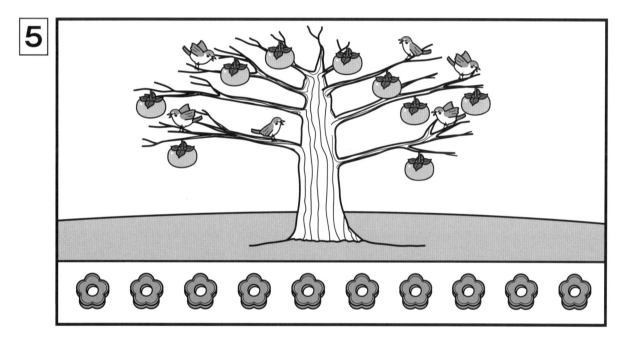

6

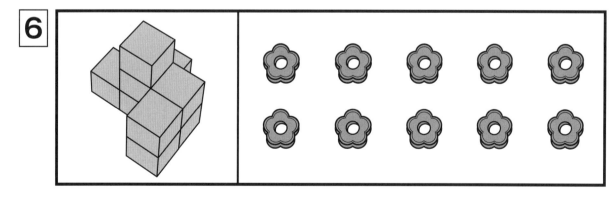

7

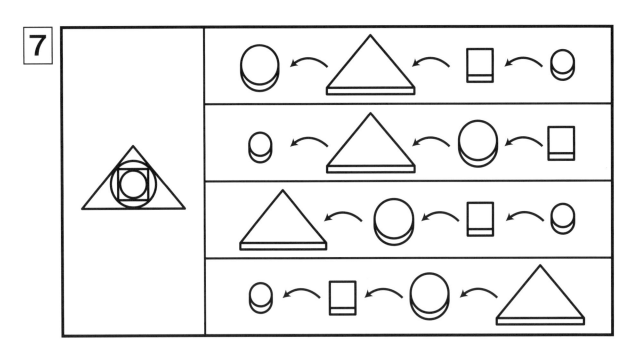

8

section 2016 東京学芸大学附属小金井小学校入試問題

■ 選抜方法

第一次	考査は2日間で、受験番号順に男女混合の約20人単位で、1日目にペーパーテストと集団テスト、2日目に集団テスト、運動テスト、個別テストを行い、合格候補者を選出する。所要時間は1日目が約1時間、2日目が約1時間20分。
第二次	第一次合格者による抽選。附属幼稚園からの第一次合格者は抽選が免除される。

考査：1日目

■ ペーパーテスト | 筆記用具は鉛筆を使用し、訂正方法は×（バツ印）。出題方法は話の記憶のみ音声放送でそのほかは口頭。

1 話の記憶

「動物たちがいろいろな乗り物についてお話ししています。クマ君が『僕は新幹線を運転してみたいな』と言いました。キツネ君は『僕はバスを運転したいな』と言いました。ウサギ君は『電車を運転したいな』と言い、タヌキ君は『トラックを運転したい』と言いました」

・バスを運転したいと言った動物に○をつけましょう。

2 話の記憶

「動物たちが水族館に遊びに行きました。ウサギさんはペンギンを見たいと思っていました。キツネさんはマンボウを見たいと思っていました。そしてクマさんはイルカを、タヌキさんはサメを見たいと思っていました。4匹が見たかった生き物を、みんなで全部見ることができました。とても楽しい1日でした」

・ペンギンを見たかった動物に○をつけましょう。

3 数 量

・左上の四角の中の絵がお手本です。大きい四角の中にお手本と同じ絵はいくつありますか。その数だけ下のおはじきに○をつけましょう。

4 **数　量**

・四角にいろいろなボールの絵が描いてあります。この中で一番少ないものはどれですか。そのボールと同じ数だけ下のおはじきに○をつけましょう。

5 **絵の記憶**

（上のお手本を20秒見せた後隠し、下の絵を見せる）

・今見た絵と同じものに○をつけましょう。

6 **系列完成**

・いろいろな形が決まりよく並んでいます。空いている二重四角の中には何が入るとよいですか。下の長四角の中から選んで○をつけましょう。

7 **常識（道徳）**

・4枚の絵の中で「走ってもよいところ」はどこですか。その絵の右下の四角に○をかきましょう。

8 **言語（しりとり）**

・上の絵はしりとりでつながるように並んでいます。クエスチョンマークがかいてある四角には何が入るとよいですか。下から選んでそれぞれ○をつけましょう。

9 **推理・思考**

・観覧車に動物たちが乗っています。観覧車が矢印の方向に回って今リスがいるところにライオンが来たとき、一番高いところにいるのはどの動物ですか。右から選んで○をつけましょう。

集団テスト

巧緻性

（絵のようにテスターが作り方を説明する映像を見た後、以下の手順で行う）

バンダナより少し大きめの白（またはオレンジ色）の布が用意されている。

・ダイコン（またはニンジン）を作りましょう。

①布を三角に3回折る。

②両端を持ち、1回だけ結ぶ。

③結び目の先が葉の部分になるようにし、ダイコン（またはニンジン）の形にする。

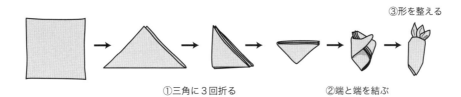

③形を整える

①三角に３回折る　　　　　　②端と端を結ぶ

考査：2日目

集団テスト

行動観察

テスターがたたいたタンバリンの音の数だけ手をたたく。その後、たたいた音の数と同じ人数のグループをつくり、手をつないで座る。

運動テスト

指の屈伸

両手の親指から順番に折っていき、小指から順番に開いていく。

ひざの屈伸

指示通り、ひざの曲げ伸ばしをする。

連続運動

長い台が床に置いてある。

・台の上を「１、２、３、４、５」の合図に合わせて５歩前進する→台の真ん中で「１、２、３、４、５」の合図に合わせて片足バランスをする→「１、２、３」の合図に合わせて後ろ歩きで３歩戻る→「ジャンプ」の合図でその場で跳び上がり反転する。

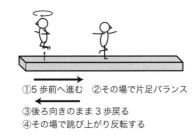

①５歩前へ進む　②その場で片足バランス

③後ろ向きのまま３歩戻る
④その場で跳び上がり反転する

🔲 立ち幅跳び

前方に置いてあるマットの線を跳び越えるように足をそろえて幅跳びをする。

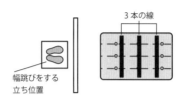

個別テスト

🔲 言　語

1人ずつ呼ばれてテスターのところまで行き、立ったままでお話しする。待っている間は座る。
・好きな食べ物は何ですか。
・(答えを受けて) どうしてですか。
※そのほかに、野菜、果物、おもちゃ、遊び、動物、乗り物など、子どもによって質問内容が異なる。

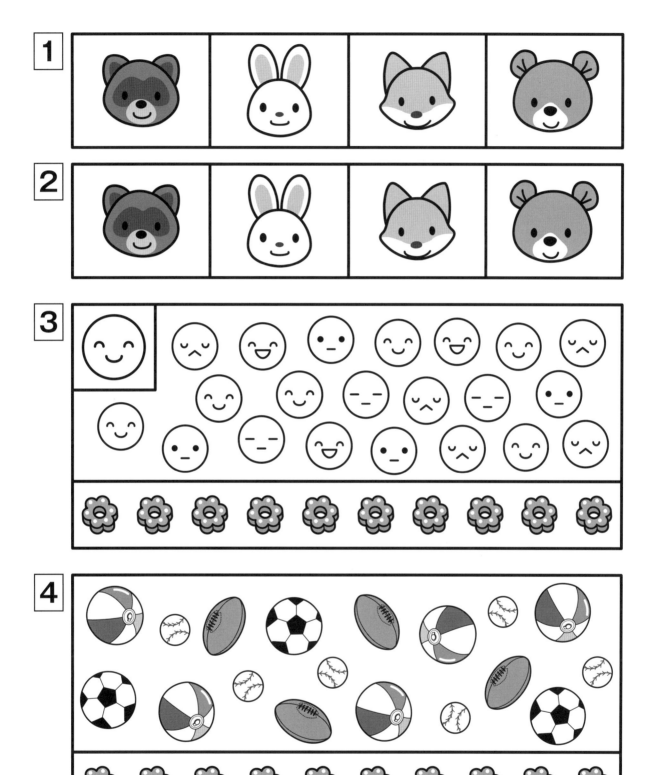

5

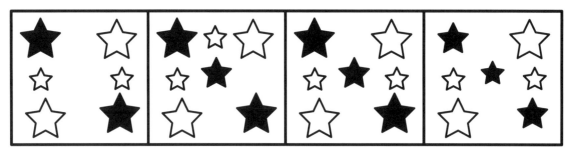

6

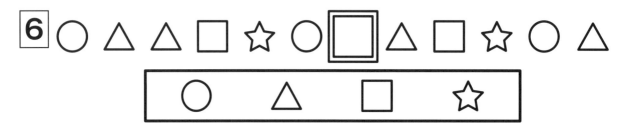

7

8

9

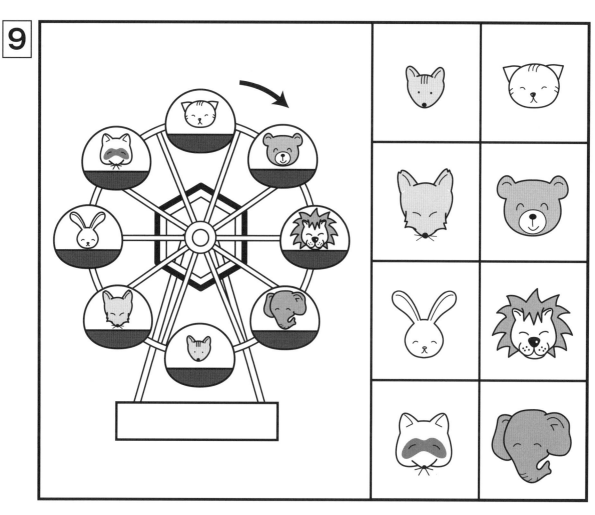

2015 東京学芸大学附属小金井小学校入試問題

選抜方法

| 第一次 | 考査は2日間で、受験番号順に男女混合の約20人単位で、1日目にペーパーテストと集団テスト、2日目に運動テストと個別テストを行い、合格候補者を選出する。所要時間は両日とも約30分。 |

| 第二次 | 第一次合格者による抽選。附属幼稚園からの第一次合格者は抽選が免除される。 |

考査：1日目

ペーパーテスト

筆記用具は鉛筆を使用し、訂正方法は×（バツ印）。出題方法は話の記憶のみ音声放送でそのほかは口頭。

1 話の記憶

「動物たちが山の近くの公園で遊んでいます。タヌキ君はすべり台で遊んでいます。サル君はイヌ君と一緒にシーソーをしています。ネコさんとウサギさんは砂場で遊んでいます。ウサギさんはお山を作り、ネコさんはトンネルの穴を掘っています。ゾウさんはブランコに乗って楽しそうです。キツネ君は野原でモミジを拾っています」

・トンネルの穴を掘っていた動物に○をつけましょう。

2 数 量

・左の四角の絵と同じ絵は右側の四角にいくつありますか。その数だけ下のおはじきに1つずつ○をつけましょう。向きが変わっているものもありますよ。

3 数 量

・上の四角にブドウ、スイカ、イチゴ、メロンが描いてあります。ブドウはいくつありますか。その数だけ下のおはじきに1つずつ○をつけましょう。

4 推理・思考（重さ比べ）

・動物たちがシーソーで重さ比べをしています。右の四角で一番重い動物に○をつけましょう。

5 構　成

・左の四角に描いてある魚の黒いところにピッタリ入る形を右から選んで○をつけましょう。

6 常識（季節）

・雪が溶けて春になったときの絵です。おかしいところに○をつけましょう。

7 絵の記憶

（上のお手本を15秒ほど見せた後に隠し、下の絵を見せる）

・左の絵は先ほど見せたものです。でも、積み木が１つ足りません。どの積み木が足りないか、右から選んで○をつけましょう。

8 常識（季節）

・絵が季節の順に正しく並んでいる段に○をかきましょう。○は右の小さな四角にかきましょう。

集団テスト

巧緻性

（絵のようにテスターが作り方を説明する映像を見た後、以下の手順で行う）

互い違いに切り込みの入った細長い画用紙が用意されている。

・同じように画用紙で魚を作りましょう。

①真ん中の２つの切り込みをかみ合わせて小さい輪を１つ作る。

②小さい輪を中に入れるようにして外側の切り込みをかみ合わせ、魚の形にする。

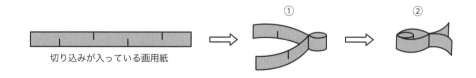

切り込みが入っている画用紙

考査：2日目

運動テスト

◆ 連続運動

長い台が床に置いてある。

・長い台の上をまたぐようにして、ゆっくりとクマ歩きで端まで行く→台の端まで行ったら台の上を折り返して5歩歩き、その場で片足バランスを5秒行う→再び行きと同じようにクマ歩きをして戻る。

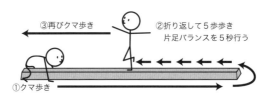

◆ 立ち幅跳び

前方に置いてあるマットの線を跳び越えるように足をそろえて幅跳びをする。

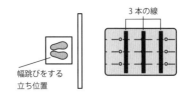

◆ ひざの屈伸

指示通り、ひざの曲げ伸ばしをする。

個別テスト

◆ 言　語

1人ずつ呼ばれてテスターのところまで行き、立ったままでお話しする。待っている間は座る。

・好きな食べ物は何ですか。

・（答えを踏まえて）どうしてですか。

※そのほかに、おもちゃ、遊び、動物、乗り物など、子どもによって質問内容が異なる。

1

2

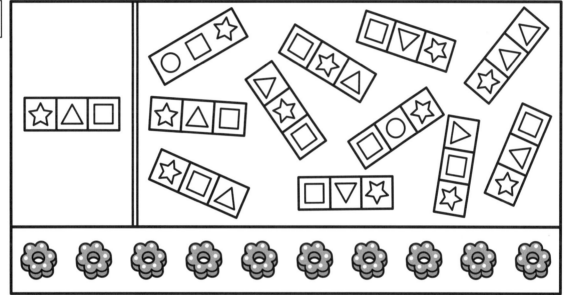

3

4

5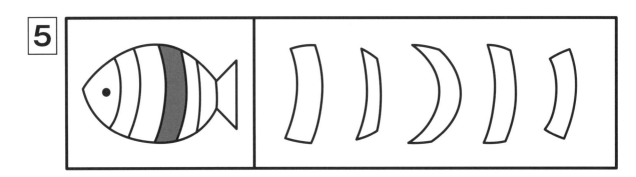

6

7

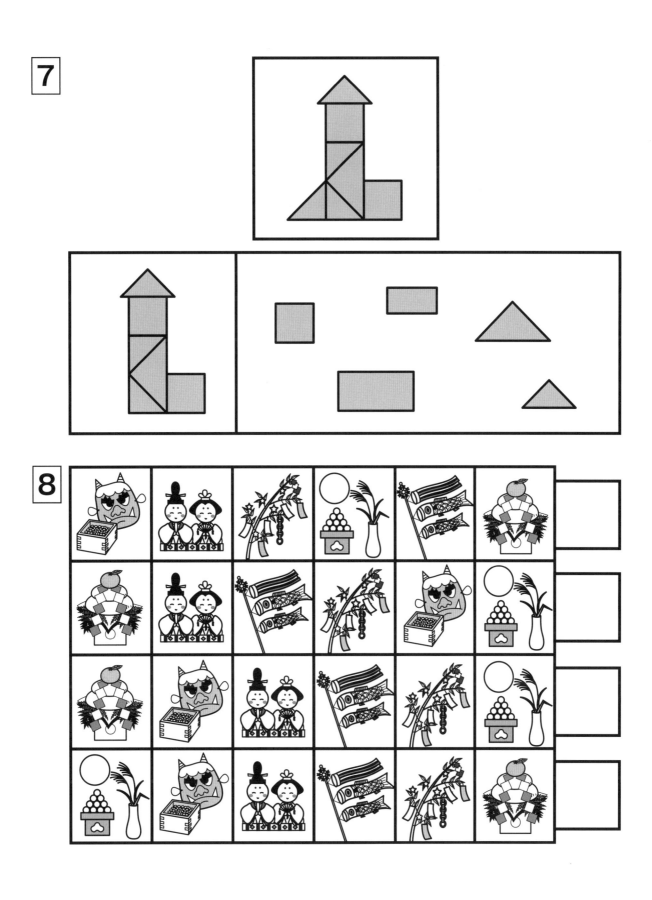

8

2014 東京学芸大学附属小金井小学校入試問題

選抜方法

| 第一次 | 考査は 2 日間で、受験番号順に男女混合の約20人単位で、1日目にペーパーテストと集団テスト、2日目に運動テストと個別テストを行い、合格候補者を選出する。所要時間は両日とも約30分。 |

| 第二次 | 第一次合格者による抽選。附属幼稚園からの第一次合格者は抽選が免除される。 |

考査：1日目

ペーパーテスト

筆記用具は鉛筆を使用し、訂正方法は×（バツ印）。出題方法は話の記憶のみ音声放送でそのほかは口頭。

1 話の記憶

「サル君は、山の近くの公園に行きました。公園ではウサギさんとリスさんとキツネさんが遊んでいました。サル君は、ウサギさんとブランコをして遊びました。その次に、リスさんとすべり台で遊びました。最後に、キツネさんと砂場で一緒に遊びました」

・すべり台で遊んだ動物に○をつけましょう。

2 絵の記憶

（上のお手本を15秒ほど見せた後、隠す）

・今見た絵と同じものに○をつけましょう。

3 数量（対応）

・左上のお手本と同じおだんごを作ります。四角の中のおだんごで何本できますか。その数だけ下のおはじきに○をつけましょう。

4 常識（交通道徳）

・小学生になって小学校まで歩いていくとき、気をつけて見なくてはいけないものに○をつけましょう。

5 数 量

・カブトムシは何匹いますか。その数だけ下のおはじきに○をつけましょう。

6 数　量

・トンボは何匹いますか。その数だけ下のおはじきに○をつけましょう。

7 推理・思考（対称図形）

・左の二つ折りになった紙の黒いところを切って開くとどのようになるでしょうか。正しいものを右側から選んで○をつけましょう。

8 常識（仲間探し）

・絵の中から仲よしのもの同士を探して線で結びましょう。

集団テスト

巧緻性

（絵のようにテスターが作り方を説明する映像を見た後、以下の手順で行う）
細長い紙、洗濯ばさみ2個が用意されている。
・同じように紙を折ってウマを作りましょう。
①茶色の面が表になるように、縦半分に紙を折る。
②紙を横半分に折って折り目をつける。
③折り目から首の部分が長くなるように上に折り上げる。
④首の部分を上から下へ折り返して顔にする。
⑤洗濯ばさみ2個を留めて脚にする。

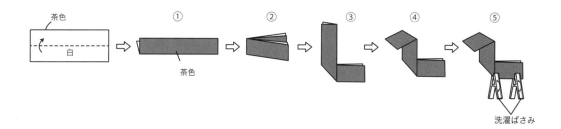

考査：2日目

運動テスト

🪑 ひざの屈伸

指示通り、ひざの曲げ伸ばしをする。

🪑 クマ歩き

ラインの上をゆっくりクマ歩きで進む。

🪑 指示行動

床の上には十字形に四角がかいてあり、右には月、左には星の絵が貼ってある。真ん中の四角に立ち、テスターが「月」と言ったら右の四角へ両足をそろえて跳び、元の位置に戻る。同様に「星」と言ったら左の四角、「前」と言ったら前の四角、「後ろ」と言ったら後ろの四角へと両足をそろえて跳び、元の位置に戻る。これをリズムに合わせて行う。

🪑 立ち幅跳び

台の上から前方に置いてあるマットの線まで足をそろえて幅跳びをする。

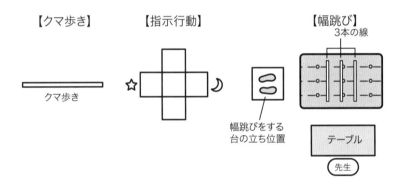

個別テスト

🪑 言　語

1人ずつ呼ばれてテスターのところまで行き、立ったままでお話しする。待っている間は座る。
・朝起きて最初に何をしますか。
・お家に帰ってきたら最初に何をしますか。その後は何をしますか。
・砂場で遊んだ後、何をしますか。
・食事をした後、何をしますか。

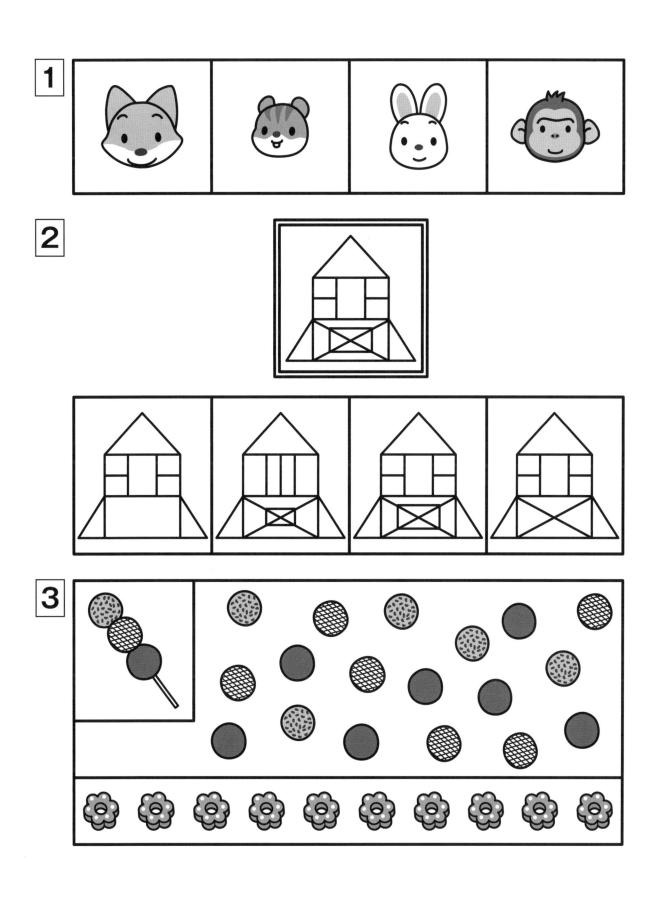

4

5

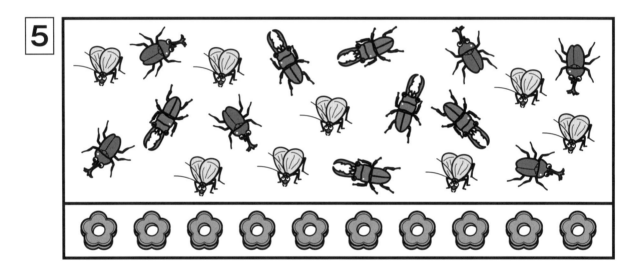

6

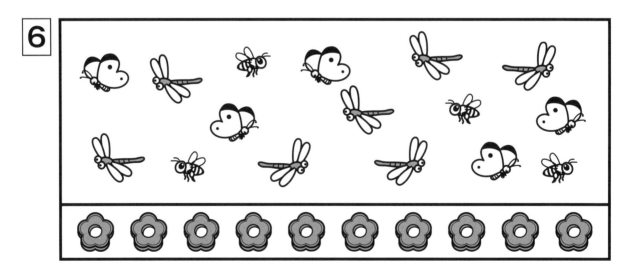

7

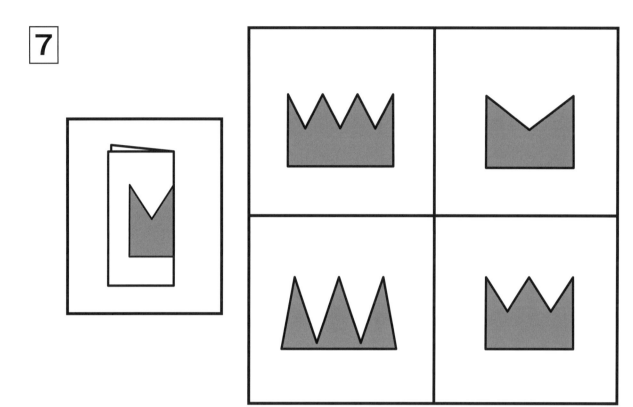

8

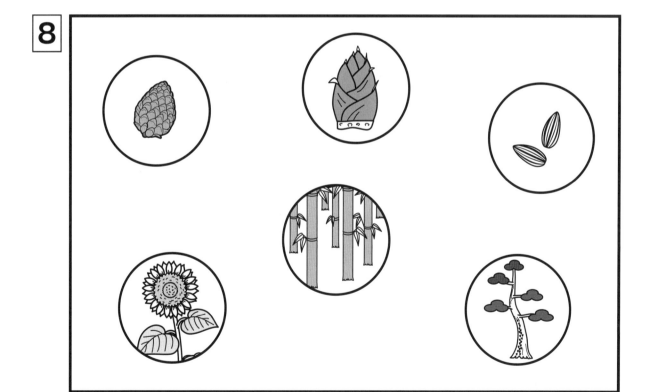

section
2013 東京学芸大学附属小金井小学校入試問題

■ 選抜方法

| 第一次 | 考査は2日間で、受験番号順に男女混合の約20人単位で、1日目にペーパーテストと集団テスト、2日目に運動テストと個別テストを行い、合格候補者を選出する。所要時間は両日とも約30分。 |

| 第二次 | 第一次合格者による抽選。附属幼稚園からの第一次合格者は抽選が免除される。 |

考査：1日目

┃ ペーパーテスト

筆記用具は鉛筆を使用し、訂正方法は×（バツ印）。出題方法は音声放送。

1 話の記憶

「今年も動物村の花畑にはたくさんのきれいな花が咲いています。クマ君は早起きをして、花を摘みに行くことにしました。朝の花畑はシーンとしていて、静かです。花の間を歩くたびに朝露がきれいにはじけます。赤や青、黄色、そして緑の花まであります。『村のみんなの分も摘んでいこう』。クマ君は張り切ってたくさんの花を摘みました。村に帰ると、広場に動物たちが集まっています。クマ君はみんなに花を配り始めました。リス君には赤い花を、ネコ君には青い花を、ウサギさんには黄色い花を、そしてパンダ君にはめずらしい緑の花を配りました。みんなとてもうれしそうにしていました」

・青いお花をもらった動物に○をつけましょう。

2 絵の記憶

（上のお手本を15秒ほど見せた後、隠す）
・今見た絵と同じものに○をつけましょう。

3 常　識

・キャベツを半分に切ったときの絵に○をつけましょう。

4 推理・思考

・左上のように、3つの形がつながっているお手本があります。裏返しにするとどのよう

に見えますか。正しい絵に○をつけましょう。

5 数　量

・左上の絵と同じおだんごはいくつありますか。その数だけ下のおはじきに○をつけましょう。

6 数量（対応）

・子どもたちがホットケーキを食べるのに、ナイフとフォークをそれぞれ1本ずつ使います。では、ホットケーキ、ナイフ、フォークを1人分ずつセットしたとき、何人の子がホットケーキを食べることができますか。その数だけ下の子どもに○をつけましょう。

7 構　成

・左の形を作るのにいらないものを右から選んで○をつけましょう。2つともやりましょう。

▌集団テスト▐

8 巧緻性

（テレビでテスターがお手本を使って作り方を説明する映像を見た後、以下の手順で行う）
・モールを使ってネズミを作りましょう。（午前のグループ）
①モールの先をバッテンにしてねじり、大きな輪を作る（顔）。
②輪になっている部分の両端に小さな輪を作ってねじる（耳の部分）。
③初めにねじった先端の部分を上に折り曲げる（口の部分）。

・モールを使ってトンボを作りましょう。（午後のグループ）
①モールを半分に折り曲げ、輪になっている方を3回ねじる（尾の部分）。
②先端を少し残して2回ねじる（触角の部分）。
③真ん中にできた輪を少しつぶし、両端に輪を作ってねじる（羽の部分）。

考査：2日目

▌運動テスト▐

🔲 ひざの屈伸

指示通り、ひざの曲げ伸ばしをする。

■ クマ歩き

白のラインの上をクマ歩きで進む。

■ 指示行動

床の上には十字形に四角がかいてあり、右には月、左には星の絵が貼ってある。真ん中の四角に立ち、テスターが「月」と言ったら右の四角へ両足をそろえて跳び、元の位置に戻る。同様に「星」と言ったら左の四角、「前」と言ったら前の四角、「後ろ」と言ったら後ろの四角へと両足をそろえて跳び、元の位置に戻る。これをリズムに合わせて行う。

■ 立ち幅跳び

床に四角がかいてあり、そこからマットの線を跳び越えるように足をそろえて幅跳びをする。

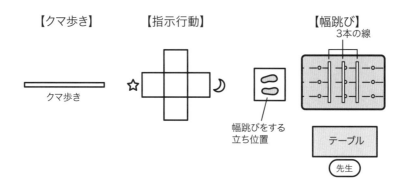

┃ 個別テスト ┃

■ 言　語

1人ずつ立ったままでお話しする。
・朝起きて最初に何をしますか。
・お家に帰ってきたら何をしますか。
・砂場で遊んだ後、何をしますか。
・食事をした後、何をしますか。

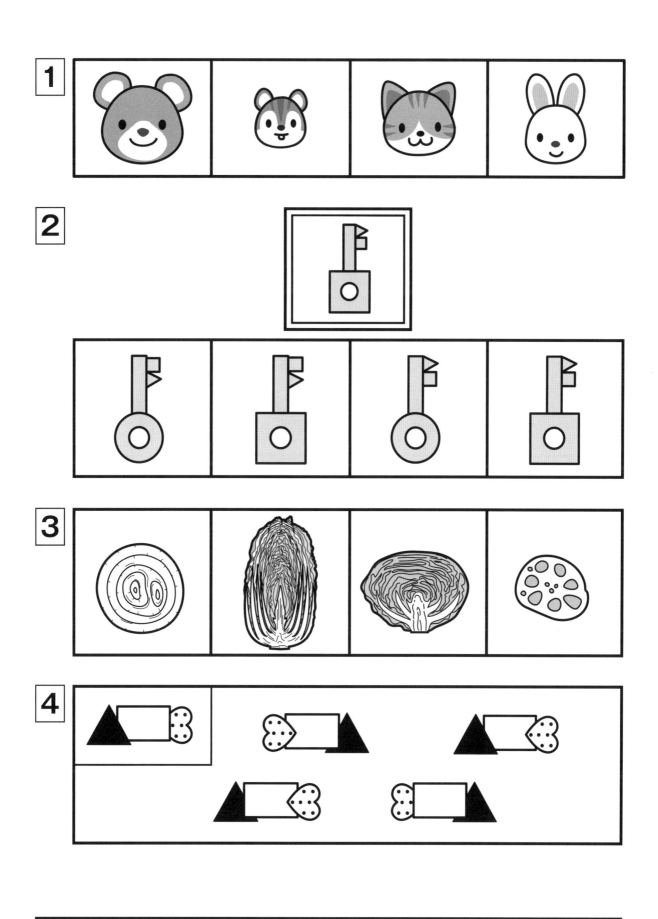

5

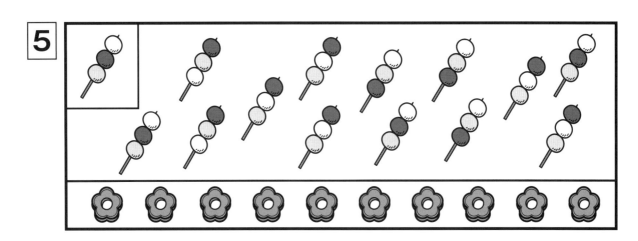

6

7

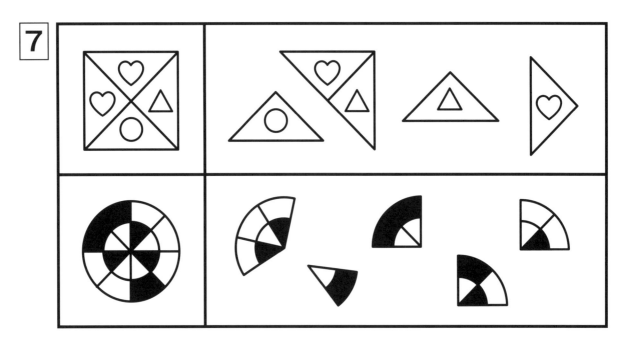

8

【お手本】

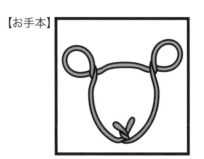

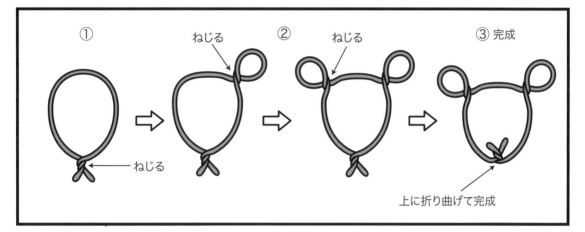

① ねじる ② ねじる ③ 完成

ねじる

上に折り曲げて完成

【お手本】

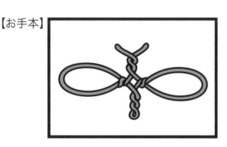

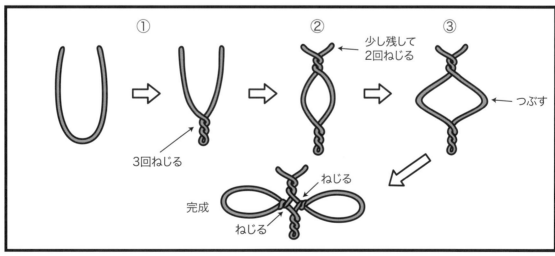

① ② 少し残して
2回ねじる ③

3回ねじる つぶす

完成 ねじる
ねじる

■ **選抜方法**

| 第一次 | 考査は2日間で、受験番号順に男女混合の約20人単位で、1日目にペーパーテストと集団テスト、2日目に運動テストと個別テストを行い、合格候補者を選出する。所要時間は両日とも約30分。 |

| 第二次 | 第一次合格者による抽選。附属幼稚園からの第一次合格者は抽選が免除される。 |

考査：1日目

■ **ペーパーテスト**　筆記用具は鉛筆を使用し、訂正方法は×（バツ印）。出題方法は音声放送。

1 話の記憶

※実施される回により内容が異なる。

「公園のブランコでキツネさんが遊んでいました。ウサギ君がやって来て『僕と一緒にサッカーをしようよ』とキツネさんに言いました。ウサギ君とキツネさんがサッカーをして遊んでいるとタヌキ君がやって来ました。タヌキ君が『僕と一緒にすべり台をしようよ』と言うとキツネさんとウサギ君は『いいよ』と言いました。3匹がすべり台で遊んでいると、今度はサルさんがやって来て『何をしているの？』と聞きました。みんなは『すべり台で遊んでいるの』と答えました」

・キツネさんとウサギ君が2匹で遊んだものに○をつけましょう。

2 話の記憶

「クマさんが公園に遊びに行きました。初めにクマさんはキツネさんとブランコで遊びました。しばらく遊んでいるとキツネさんのお母さんがお迎えに来てキツネさんは帰ってしまいました。キツネさんが帰った後に今度はタヌキさんが公園に来ました。クマさんがタヌキさんに『一緒に遊ぼうよ』と言うと、タヌキさんは『砂場で遊ぼう』と言いました。クマさんとタヌキさんは砂場で仲よく遊んでいましたが、しばらくするとタヌキさんのお母さんがお迎えに来てタヌキさんも帰ってしまいました。今度は何をして遊ぼうかな、とクマさんは考えていました。すると、クマさんは公園のベンチでお絵描きをしているウサギさんを見つけました。クマさんはウサギさんと一緒にお絵描きをしました」

・クマさんと砂場で遊んだのはどの動物でしょうか。○をつけましょう。

③ 推理・思考（重さ比べ）

・動物たちが重さ比べをしました。3つのシーソーを見て、一番重い動物よりも軽く、一番軽い動物よりも重い動物を下から選び、○をつけましょう。

④ 観察力

ウサギ、花、魚、ニワトリが並んでいるマス目の、真ん中に丸がかいてあるお手本が用意されている。

・お手本のように並んでいる場所を見つけて同じように○をつけましょう。

⑤ 推理・思考（四方図）

・左のお手本の形を上から見るとどのように見えますか。正しいものに○をつけましょう。

⑥ 構成（欠所補完）

・チューリップの絵のパズルがありますが、1つ足りないところがあります。そこに入るものを右から選び、○をつけましょう。

⑦ 数 量

・バナナの数だけ下の段のおはじきに○をつけましょう。

⑧ 記 憶

（下のマス目の絵を隠して、上の3つのお手本の形を見せる。次に上の絵を隠した後、下の絵を見せる）

・さっき見たお手本の真ん中の三角はどれでしたか。選んで○をつけましょう。向きを変えてはいけません。

集団テスト

⑨ 巧緻性

（テレビでテスターが3本のひもをつないでいく映像を見た後、以下の手順で行う）

綴じひも程度の長さと太さがあるひもで、赤、青、緑、黄色から、異なる色のものが3本用意されている。

①2本のひも（aとb）をそれぞれ二つ折りにし、縄跳び結びにし、輪を作る。

②輪にした2本のひも（aとb）を輪ゴムつなぎの要領でつなぐ。

③２本のつながったひも（aとb）に３本目のひも（c）を通し、固結びをする。

考査：２日目

運動テスト

📑 指の屈伸

両手の親指から順番に折っていき、小指から順番に開いていく。

📑 手の開閉

指をグーパーグーパーグーチョキパーと動かす。

📑 立ち幅跳び

マットの白い線の手前に立ち、少し離れたところにある別のマットの上へ幅跳びをする。

📑 指示行動

床の上には十字形に四角がかいてある。左の四角には月、右の四角には星の印がかいてある。まず真ん中の四角の中に立ち、テスターが「前」と言ったら前の四角へ両足をそろえて跳び、元の位置に戻る。同様に「月」と言ったら左の四角、「星」と言ったら右の四角、「後ろ」と言ったら後ろの四角へと両足をそろえて跳び、元の位置に戻る。これをタンバリンのリズムに合わせて行う。

個別テスト

📑 言　語

・（３枚の絵カードを見せられる）どれが一番好きですか。それはどうしてですか。
※見せられる絵カードは子どもにより異なる。「キリン、パンダ、タヌキ」「すべり台、鉄棒、シーソー」「ライオン、コアラ、アザラシ」「ブドウ、リンゴ、クリ」「船、新幹線、スポーツカー」などの組み合わせがあった。

・今日はどうやってここまで来ましたか。
・朝ごはんは何を食べましたか。

1

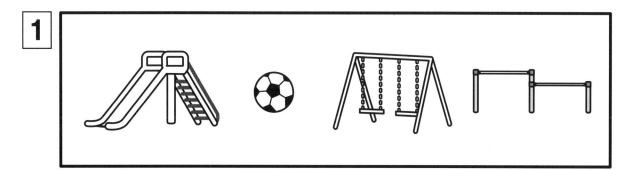

2

3

4

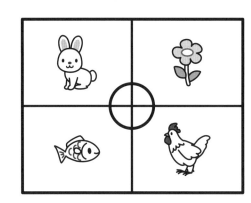

5

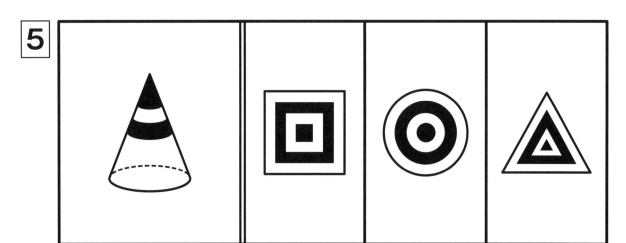

6

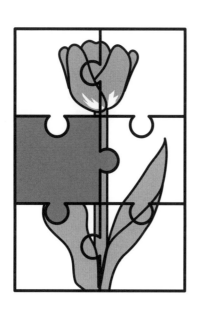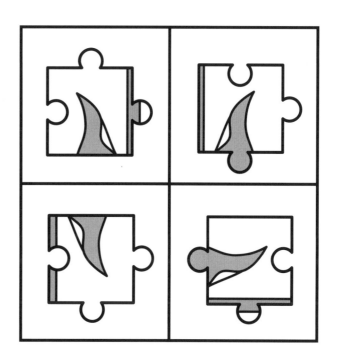

7

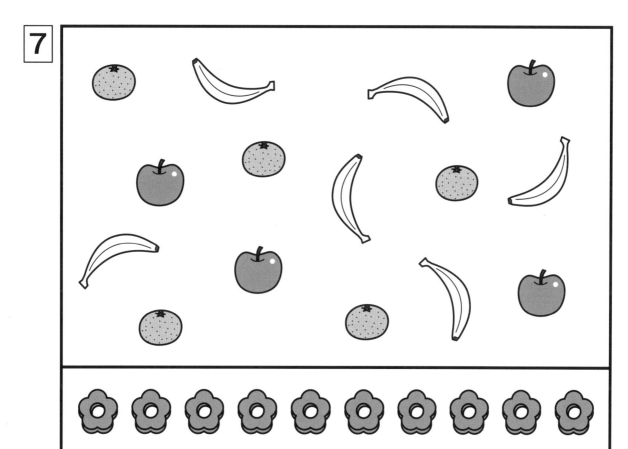

2023 2022 2021 2020 2019 2018 2017 2016 2015 2014 2013 2012 2011 2010 2009

8

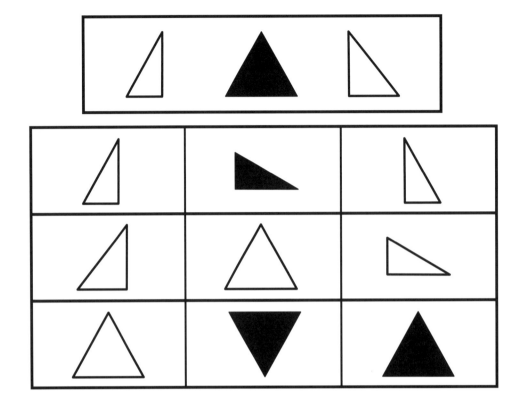

9

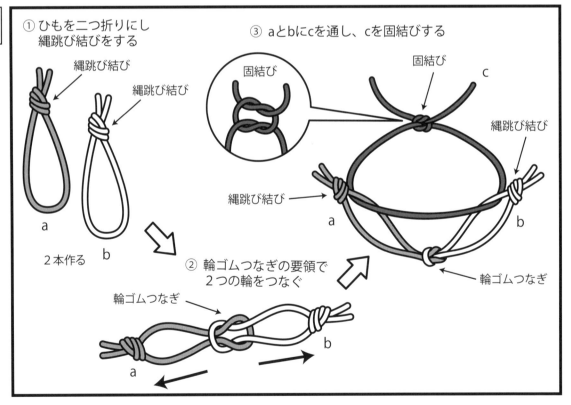

① ひもを二つ折りにし
縄跳び結びをする

縄跳び結び

縄跳び結び

a

b

2本作る

③ aとbにcを通し、cを固結びする

固結び

固結び

c

縄跳び結び

縄跳び結び

a

b

輪ゴムつなぎ

② 輪ゴムつなぎの要領で
2つの輪をつなぐ

輪ゴムつなぎ

a

b

section
2011 東京学芸大学附属小金井小学校入試問題

■ 選抜方法

| 第一次 | 考査は2日間で、受験番号順に男女混合の約20人単位で、1日目にペーパーテストと集団テスト、2日目に運動テストと個別テストを行い、合格候補者を選出する。所要時間は両日とも約30分。 |

| 第二次 | 第一次合格者による抽選。附属幼稚園からの第一次合格者は抽選が免除される。 |

考査：1日目

■ ペーパーテスト | 筆記用具は鉛筆を使用し、訂正方法は×（バツ印）。出題方法は音声放送。

1 話の記憶

「動物村にはたくさんの動物が暮らしています。ライオン君とゾウ君とキリンさんは村の池の近くで何だか楽しそうにお話ししています。そこにウサギさんとトラ君が通りかかりました。『みんなで何を話しているの？』とウサギさんがたずねると、『明日、村のみんなで野原までピクニックに行こうと話しているんだ』とゾウ君が教えてくれました。『それは面白そうだね』とトラ君が言い、『それなら山にすんでいるクマ君とサル君とコアラさんも誘いましょうよ』とウサギさんが言いました。さっそくトラ君は山に登り、みんなに明日のピクニックのことを伝えました。次の日、みんなで仲よくピクニックに出かけると、クマ君は魚を、ウサギさんはニンジンをお弁当に持ってきてくれました。動物村のみんなは楽しい時間を過ごしました」

・上の2段です。山にすんでいる動物に○をつけましょう。
・下の2段です。クマ君とウサギさんの絵で正しい絵に○をつけましょう。

2 数 量

・柵の扉が開いています。柵から逃げたヒヨコさんの数だけ下のおはじきに○をつけましょう。
・黒い星の数だけ下のおはじきに○をつけましょう。

3 常識（季節）

・上の絵と下の絵で仲よしのものを探して、点と点を線で結びましょう。

4 観察力

・ウサギさんとタヌキさんがそれぞれ積み木を積んでいます。では、タヌキさんが使っていない積み木を下から選んで○をつけましょう。

5 推理・思考（四方図）

・四角の中の積み木を上から見たらどのように見えますか。正しいものを下から選んで○をつけましょう。

▌ 集団テスト ▌

6 巧緻性

（テレビでテスターがお手本を使って作り方を説明する映像を見た後、以下の手順で行う）
・同じように折り紙をちぎってお弁当を作りましょう。
①黒い折り紙を半分に折る。
②中の四角をくり抜くようにちぎる。
③ちぎった四角をさらに半分に折って、その中の四角をまた同じようにちぎる。
④白い台紙の上に、ちぎった枠をお弁当箱として貼る。次に③でちぎった四角をのりとして真ん中に貼って、のり弁を作る。

考査：2日目

▌ 運動テスト ▌

🔲 指の屈伸

両手の親指から順番に折っていき、小指から順番に開いていく。

🔲 手の開閉

手を前や横にして、グーパーグーパーグーチョキパーと動かす。

🔲 立ち幅跳び

台の上から前方に置いてあるマットの線まで足をそろえて幅跳びをする。

指示行動

床の上には十字形に四角がかいてある。右には月、左には星の絵が貼ってある。真ん中の四角に立ち、テスターが「月」と言ったら右の四角へ両足をそろえて跳び、元の位置に戻る。同様に「星」と言ったら左の四角、「上」と言ったら前の四角、「下」と言ったら後ろの四角へと両足をそろえて跳び、元の位置に戻る。これをリズムに合わせて行う。

ジャンプ

「1、2、3」の合図でジャンプする。

ひざの屈伸

指示通り、ひざの曲げ伸ばしをする。

片足立ち

テスターが5まで数える間、片足立ちする。

個別テスト

運動テストの後に行う。

言　語

1人ずつ立ったままでお話しする。
・朝、何を食べてきましたか。
・誰と一緒に来ましたか。
・今やりたいことは何ですか。
・今飲みたいものは何ですか。
・好きな人は誰ですか。

2

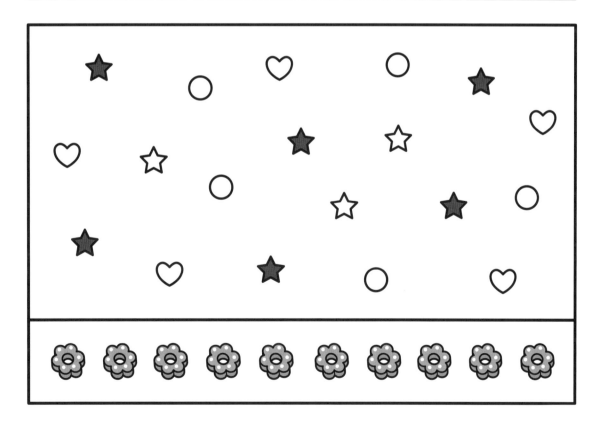

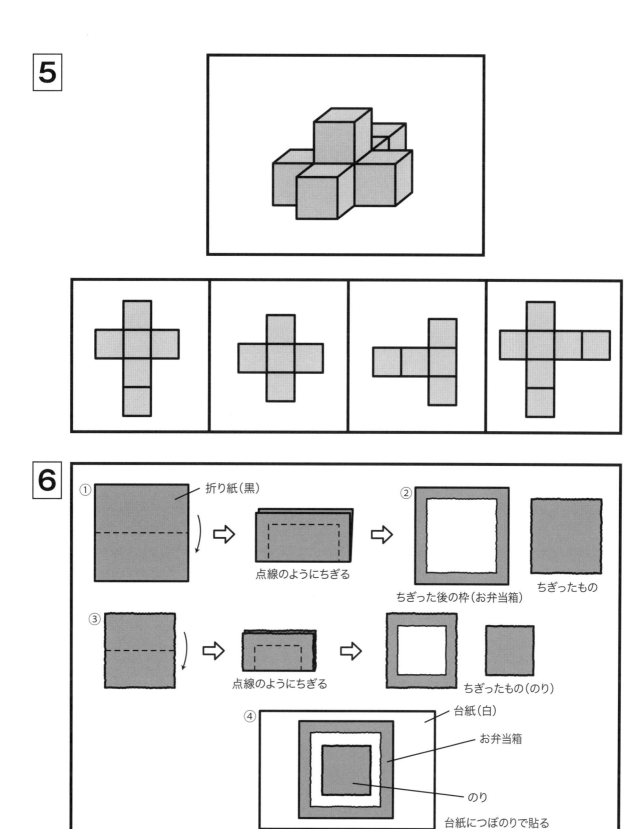

2010 東京学芸大学附属小金井小学校入試問題

選抜方法

| 第一次 | 考査は２日間で、受験番号順に男女混合の約20人単位で、１日目にペーパーテストと集団テスト、２日目に運動テストと個別テストを行い、合格候補者を選出する。所要時間は両日とも約30分。 |

| 第二次 | 第一次合格者による抽選。附属幼稚園からの第一次合格者は抽選が免除される。 |

考査：1日目

ペーパーテスト
筆記用具は鉛筆を使用し、訂正方法は×（バツ印）。

1 話の記憶

「今日はとてもよいお天気です。たろう君は森へお散歩に出かけました。木がたくさん生えていて、何だか気持ちがよいです。木の上から〝カサコソ、カサコソ〟と音が聞こえてきます。たろう君が『何だろう？』と見上げると、しっぽの長いサルさんが、木の上でバナナを食べていました。『サルさん、こんにちは』とたろう君が声をかけると、サルさんが『こんにちは。おいしいバナナがあるから半分分けてあげるよ』と言いました。たろう君はサルさんとバナナを食べて、『おいしかったよ。ごちそうさま』と言い、また森を進んで行きました。今度は草の陰から、耳の垂れたウサギさんが『こんにちは、一緒に遊ぼうよ』と言って出てきました。たろう君も『こんにちは、ウサギさん。いいよ、一緒に遊ぼう』と答えて、追いかけっこをして遊びました。ふと、空を見上げると、空にはクジラのような雲が浮かんでいました」

・たろう君が森に行ったとき、会った動物に○をつけましょう。

2 絵の記憶

上の四角の左のお手本を見せた後、隠す。
・今見たものと同じ足跡に○をつけましょう。

上の四角の右のお手本を見せた後、隠す。
・今見たものと同じ足跡に△をつけましょう。

3 数　量

・ゾウさんが左上の四角の中にある形を見ています。ゾウさんが見ている形と同じ形がいくつあるか数えて、その数だけ下のおはじきに○をつけましょう。

4 数　量

・タンポポとチューリップのお花があります。どちらの方が多いですか。多い方のお花の数だけ下のおはじきに○をつけましょう。

5 常識（季節）

・上と下の絵で、同じ季節のものを見つけて、点と点を線で結びましょう。

6 常識（道徳）

・みんなのために役に立つことをしている絵に○をつけましょう。

7 推理・思考（鏡映図）

・左の2人は鏡にはどのように映っていますか。正しいものに○をつけましょう。

8 推理・思考

上のようなお手本を見せる。

・葉っぱが描いてある方が表で、丸が2つある方が裏です。裏の丸と丸をつないだ斜めの線に沿って、表を手前に折るとこのようになります。では、下の紙も同じように折ると、どのようになりますか。正しいと思うものに○をつけましょう。

▋ 集団テスト ▋

🞑 巧緻性

テレビでテスターがお手本を使って作り方を説明する映像を見た後、同じように折ってアザラシを作る。

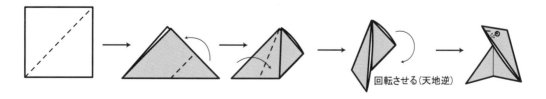

回転させる（天地逆）

考査：2日目

運動テスト

指の屈伸

両手の親指から順番に折っていき、小指から順番に開いていく。

手の開閉

手を前や横にして、グーパーグーパーグーチョキパーと動かす。

ひざの屈伸

指示通り、ひざの曲げ伸ばしをする。

ジャンプ

「1、2、3」の合図でジャンプをする。

立ち幅跳び

白い線から先に置いてあるマットの線まで足をそろえて幅跳びをする。

指示行動

床の上に十字形に四角がかいてある。右には月、左には星の絵が貼ってある。真ん中の四角に立ち、テスターが「月」と言ったら右の四角へ両足をそろえて跳び、元の位置に戻る。同様に「星」と言ったら左の四角、「上」は前の四角、「下」は後ろの四角へと両足をそろえて跳び、元の位置に戻る。これを、リズムに合わせて行う。

個別テスト

運動テストの後に行う。

言　語

1人ずつ立ったままでお話しする。
・小学校ではどんな勉強がしたいですか。それはどうしてですか。
・小学校では何が楽しみですか。それはどうしてですか。
・小学生になったらどんな人になりたいですか。それはどうしてですか。
・小学生になったらどんなお手伝いがしたいですか。それはどうしてですか。

3

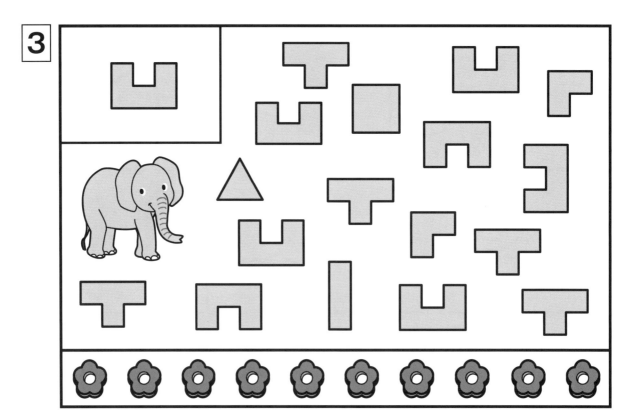

4

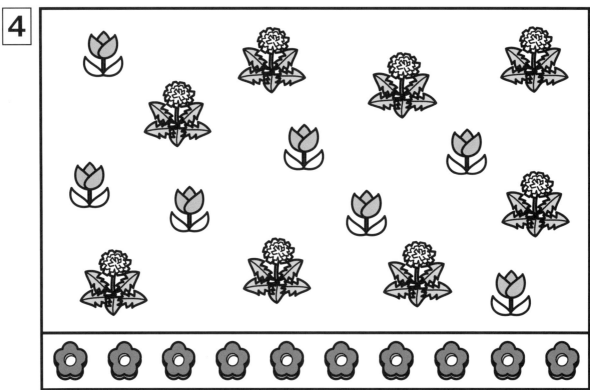

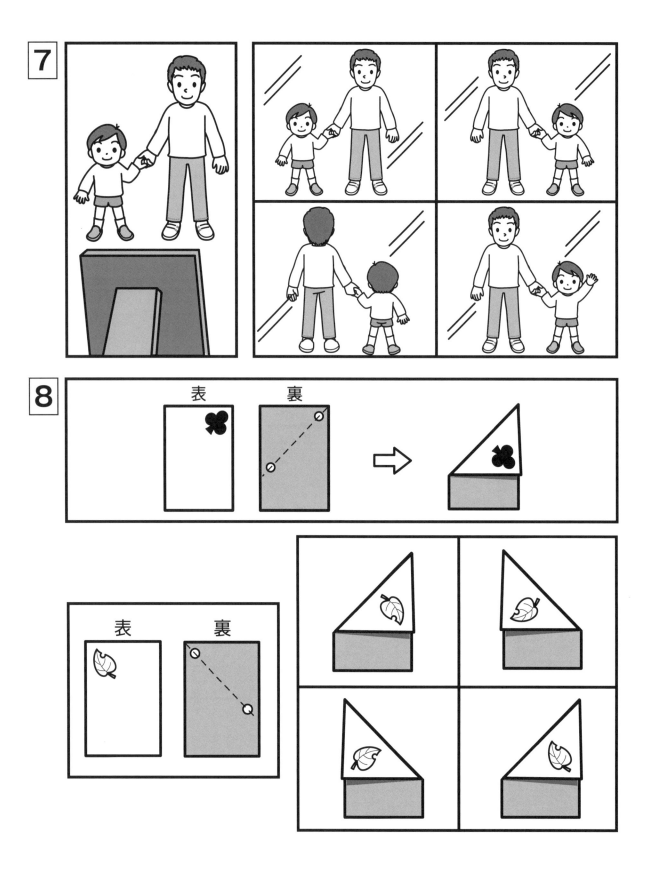

section 2009 東京学芸大学附属小金井小学校入試問題

■ 選抜方法

| 第一次 | 考査は2日間で、受験番号順に男女混合の約20人単位で、1日目にペーパーテストと集団テスト、2日目に運動テストと個別テストを行い、合格候補者を選出する。所要時間は両日とも約30分。 |

| 第二次 | 第一次合格者による抽選。附属幼稚園からの第一次合格者は抽選が免除される。 |

考査：1日目

■ ペーパーテスト
筆記用具は鉛筆を使用し、訂正方法は×（バツ印）。

1 話の記憶

「たろう君のお家に動物たちが遊びに来ました。『お絵描きをして遊ぼう』とたろう君が言うと、ウサギさんが『いいね、いいね。お絵描きをしたらお部屋に飾ろう』と言いました。ネコさんもキツネさんも大賛成です。たろう君は大きな紙を広げ、クレヨンで川を描きました。ネコさんは『絵の周りに貼る飾りを作るね』と言い、折り紙とはさみとのりを使って輪つなぎを作りました。いろいろな色の輪つなぎができました。キツネさんは、たろう君の描いた川の後ろに、山の絵を描きました。大きな山の絵です。ウサギさんは山の周りに木をたくさん描き、すてきな絵が完成しました。その後に、絵の周りに輪つなぎを飾って、お部屋の壁に貼りました」

・山の絵を描いたのは誰ですか。○をつけましょう。

2 話の記憶

「今度の日曜日、けんじ君は家族でハイキングに行きます。けんじ君は虫カゴと虫捕り網を用意しています。『たくさん虫が捕まえられるといいな』と、ニコニコして言いました。お父さんはカメラをかばんに入れました。お父さんは写真を撮るのが上手で、玄関や廊下にお父さんの撮った写真がたくさん飾ってあります。お姉さんはきれいな湖の絵を描こうと思って、スケッチブックと鉛筆を用意しています。妹は小さいリュックサックにボールを入れました。『これで一緒に遊ぼうね』と妹が言うので、けんじ君は『いいよ、お父さんと3人でやろう』と言いました。用意をすると、ますますハイキングが楽しみになりまし

た。いよいよ日曜日、お母さんは朝からおいしいお弁当を作っています。その後けんじ君は、リュックサックにお弁当とタオル、そして水筒を入れました。お父さんが『水筒は重いから、お父さんが持つよ』と言って、かばんに水筒を入れました。お姉さんと妹もそれぞれ用意したものを持って、いよいよ出発です。どんなハイキングになるか楽しみですね」

・お父さんが持っていったものに○をつけましょう。

3 数量（対応）

・上の丸や三角、四角を使って左のお手本の形を作ります。できるだけ多く作るには、棒は何本必要でしょうか。その数だけ下の棒に○をつけましょう。

4 数　量

・左の絵の中におだんごはいくつありますか。その数だけ右のおはじきに○をつけましょう。

5 常識（生活）

・掃除をするときに使うものに○をつけましょう。

6 数　量

・上の絵の中に野菜はいくつありますか。その数だけ下のおはじきに○をつけましょう。

7 推理・思考

・裏にウサギが描いてある三角の紙があります。左のように、表面の点線のところを前に折り返してウサギの顔を作るには、右のどの紙を折ったらよいですか。よいと思うものに○をつけましょう。

8 位置・記憶

・みどりさんがお誕生日に水玉模様の服を買いました。（左の四角の絵を見せた後、隠す）みどりさんの買った服があったところに○をかきましょう。

9 推理・思考

・右側の紙を絵が見えるように折りました。左のお手本のようになるのはどれでしょうか。○をつけましょう。

10 構　成

・ウサギさんが作ったものと同じものを、ゾウさんが作っています。ゾウさんが同じ形を作るのに１つ足りないものがあります。その形を下から探して○をつけましょう。

集団テスト

11 巧緻性

・(テレビで作り方の説明を見る) いくつかの穴が開いている黄色い長四角の紙に黒いひもを通し、両端を玉結びにしてトラのしっぽを作りましょう。

考査：2日目

運動テスト　| ゼッケンをつけて行う。

◨ 指の屈伸

両手の親指から順番に折っていき、小指から順番に開いていく。

◨ 手の開閉

両手を前にしてグーパーグーパーグーチョキパーと指の曲げ伸ばしを行う。

◨ ひざの屈伸

指示通り、ひざの曲げ伸ばしを行う。

◨ ケンパー

ラインの上をパーケンパーケンパーケンパーで進む。

◨ 立ち幅跳び・ジャンプ

・白い線から少し離れたマットまで、両足をそろえて幅跳びをする。
・「1、2、3」の合図でジャンプする。

個別テスト　| 運動テストの後に行う。

◨ 言　語

・あなたは誰と何をして遊びたいですか、あなたは誰とどこへ行きたいですか、あなたは誰と何を食べたいですか、などの質問に答え、お話しする。

1

2

3

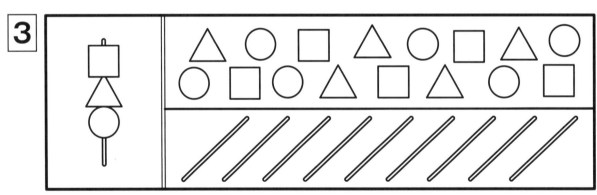

4

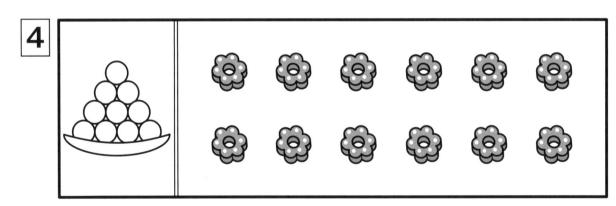

5

6

7

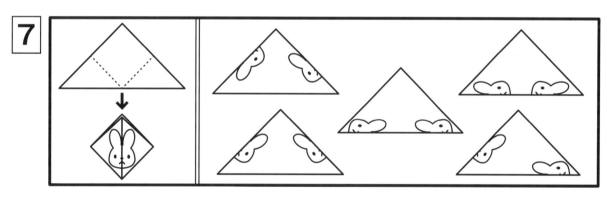

8

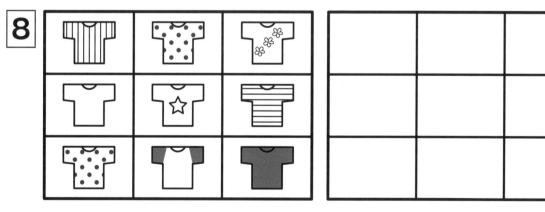

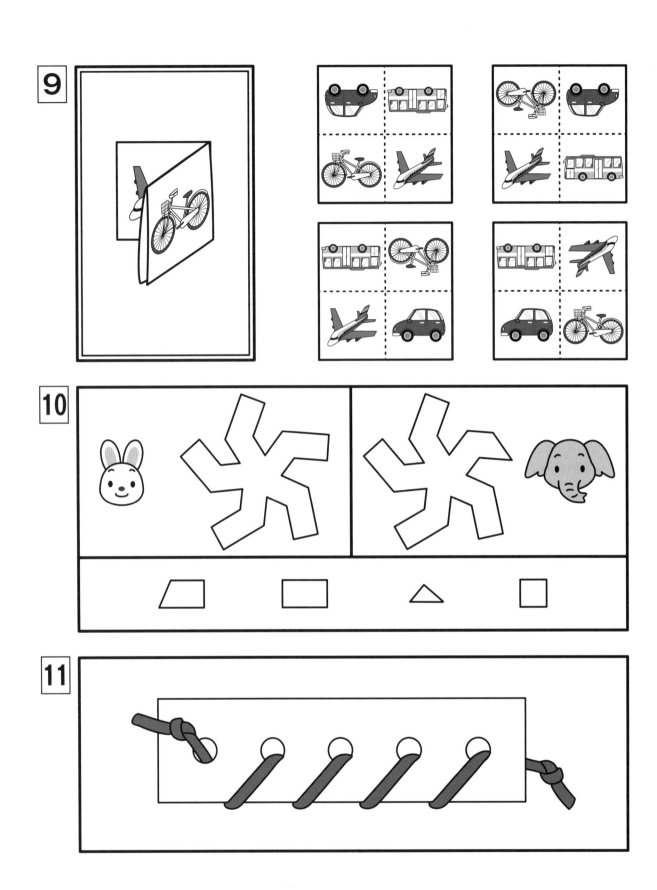

東京学芸大学附属小金井小学校 入試シミュレーション

東京学芸大学附属小金井小学校入試シミュレーション

1 話の記憶

「もこもこ森では、暑い日々が過ぎ、朝や夜が涼しく過ごしやすい季節になってきました。キツネのコンタ君はおじいさんに化け方を教えてもらい、練習を始めました。イチョウの葉っぱを頭に載せて『コンコンココ コン！ クマコンコン！』と呪文を唱えると……あれれれ？ クマの体になってもしっぽだけコンタ君のままです。落ち込んでいるコンタ君を見て、おじいさんは『わしも何度も何度も失敗したけれど、最後まであきらめずに練習を続けたからできるようになったんだよ』と話してくれました。コンタ君は『よし！ 頑張るぞ！』と、また練習を始めました。でも、やっぱり何度やってもどこか1ヵ所だけコンタ君のままになってしまいます。それを見ていた、いたずらタヌキのポンキチ君は『はっはっはっはっはー！ コンタ君変なのー！ 化けられないキツネなんて見たことないや』と大笑いしました。悔しくなったコンタ君がもう一度『コンコンココ コン！ ライオンコンコン！』と呪文を唱えると、大きくて強いライオンに化けることができたのです。とってもうれしくなったコンタ君は『ガオー！』と大喜び。ポンキチ君は急にうらやましくなったので、急いでお家に帰り、ポンキチ君のおじいさんに化け方を教えてもらいました。タヌキの世界ではモミジの葉っぱを頭に載せて呪文を唱えるのです。ポンキチ君はさっそく、モミジの葉っぱを頭に載せて『ポンポコポンポン！ ゾウポンポン！』と唱えました。でも、化ける練習をしていないポンキチ君が上手に化けられるわけがありません。体はゾウでしっぽだけポンキチ君のままです。そんなことも気づかず、ポンキチ君はコンタ君を驚かそうと出かけていきました。途中でコンタ君にあげるクリを6個拾って橋を渡っていくと、橋のそばにお地蔵さんが立っていたのでクリを3個あげました。コンタ君のお家に着くと『コンタ君！ 遊ぼう！』と呼びました。上手に化けたと思っているポンキチ君ですが、きっとすぐに見破られてしまうでしょう。ポンキチ君はどうするのでしょうね」

- 1段目です。コンタ君が上手に化けることができた動物に○をつけましょう。
- 2段目です。ポンキチ君が化けたときのしっぽに○をつけましょう。
- 3段目です。ポンキチ君はコンタ君にクリをいくつあげられますか。その数の四角に○をつけましょう。
- 4段目です。今のお話と同じ季節のお花に○をつけましょう。
- 5段目です。あなたがもし何かに化けられるとしたら、どれに化けたいですか。その絵に○をつけましょう。

2 数 量

- 1段目です。左端のお母さんパンダが2匹ずつ赤ちゃんを産みました。赤ちゃんパンダ

は全部で何匹でしょうか。その数のパンダが描いてある四角に○をつけましょう。

・2段目です。数が一番多いクッキーに○、2番目に少ないクッキーに△をつけましょう。

・3段目です。左端の金魚鉢のキンギョと同じ数のものに○をつけましょう。

・4段目です。雨の日に4人の子どもたちがお出かけをします。ちょうどよい数の長靴が描いてある四角に○をつけましょう。

・5段目です。ハンバーグをフォークとナイフを使って食べようと思います。3人で食べるのにちょうどよい数のフォークとナイフが描いてある四角に○をつけましょう。

3 常 識

・1段目です。タコの足は全部で何本ですか。同じ数のアメが描いてある四角に○をつけましょう。

・2段目です。4つの絵の中で仲間ではないものはどれですか。○をつけましょう。

・3段目です。ウシのしっぽはどれですか。○をつけましょう。

・4段目です。4つの野菜の中で、切ったときに皮の色と中身の色が違うものに○をつけましょう。

・5段目です。チョウチョが成長する順番に並べたとき、3番目に来るものに○をつけましょう。

4 常 識

・上の段です。あなたがよく食べるものに○をつけましょう。

・真ん中の段です。4つの中で仲間ではないものに○をつけましょう。

・下の段です。川にすんでいるものに○をつけましょう。

5 常識・話の理解

・上の段です。4匹の動物の中でおかしなことを言っている動物に×をつけましょう。
　キツネ「月曜日の次は火曜日だよね」
　クマ「イチョウの葉っぱが黄色くなるのは秋だよね」
　タヌキ「こどもの日は夏だよね」
　ウサギ「朝のあいさつは『おはようございます』だよね」

・下の段です。4匹の動物の中でおかしなことを言っている動物に×をつけましょう。
　ネコ「アメを2個持っていて、お母さんから3個もらったから全部で5個だよね」
　イヌ「僕の前に2匹いて、僕の後ろに4匹いるから全部で6匹だよね」
　サル「僕はカレーライスが大好き。だけどカレーライスよりもハンバーグの方が好き。だから、一番好きなのはハンバーグだよ」
　パンダ「わたしは3歳。ゾウさんはわたしより3歳年上。だからゾウさんは6歳だよね」

6 常識（仲間探し）

・左側にいろいろな人がいますね。それぞれの人と関係があるものを右側に描いてある絵の中から選んで、点と点を線で結びましょう。上の段も下の段もやってください。

7 常　識

・左の足跡は、右のどの人や動物が通った跡ですか。右と左で合うもの同士を選んで、点と点を線で結びましょう。

8 推理・思考

・クレヨンで描いたものに○をつけましょう。

9 推理・思考（折り図形）

・矢印の順に折り紙を折り、開いたときにできる線で正しいものをすぐ下から選んで○をつけましょう。

10 推理・思考（対称図形）

・透き通ったものに描いてある左端の絵を、それぞれ矢印の方向にパタンと裏返すとどのようになりますか。正しいものを右から選んで○をつけましょう。

11 言語（しりとり）

・上の段の絵は、左から順番にしりとりでつながります。空いている四角に入るものを、下の段から選んで○をつけましょう。上も下もやりましょう。

12 絵の記憶

（上のお手本を15秒見せた後隠し、下の絵を見せる）
・今見た絵と同じものに○をつけましょう。

13 観察力

・上の段です。左上のお手本と違う絵に○をつけましょう。リンゴとネズミの両方をやりましょう。
・下の3段です。左にいろいろな形が重なっている絵があります。この絵を作るために必要な形を、右から選んで○をつけましょう。

14 観察力

・上のお手本と違うところに○をつけましょう。印は下の絵につけましょう。

1

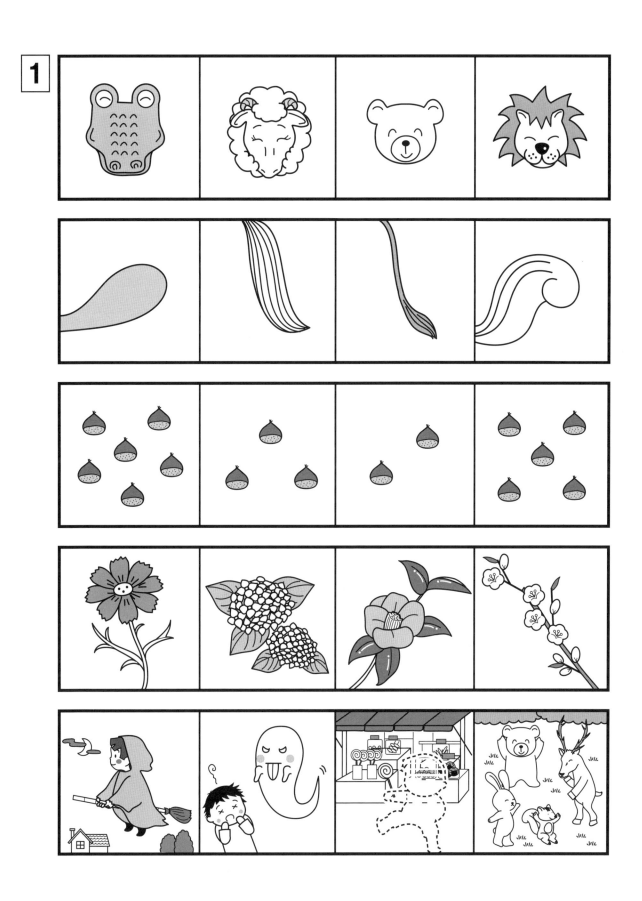

2

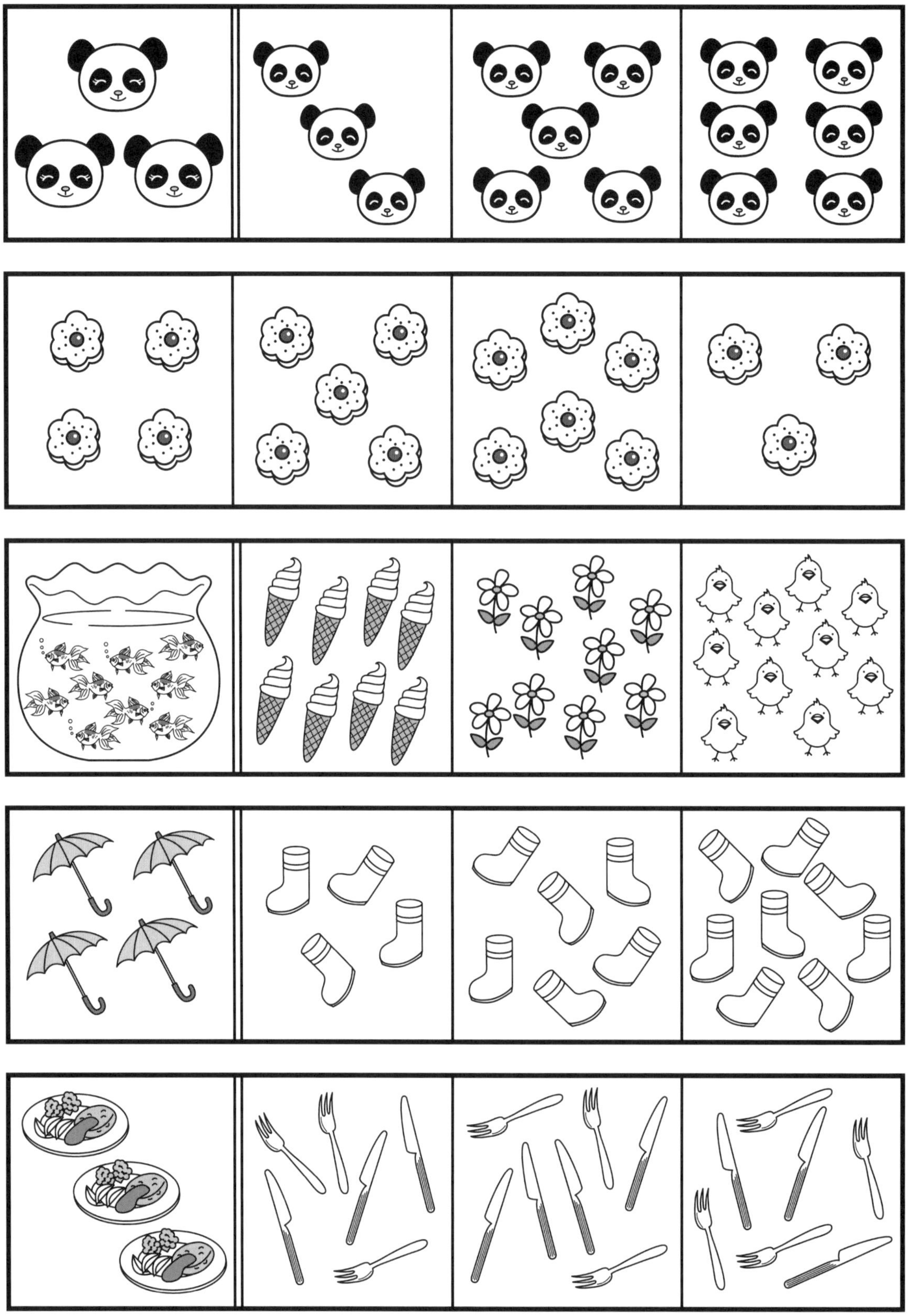

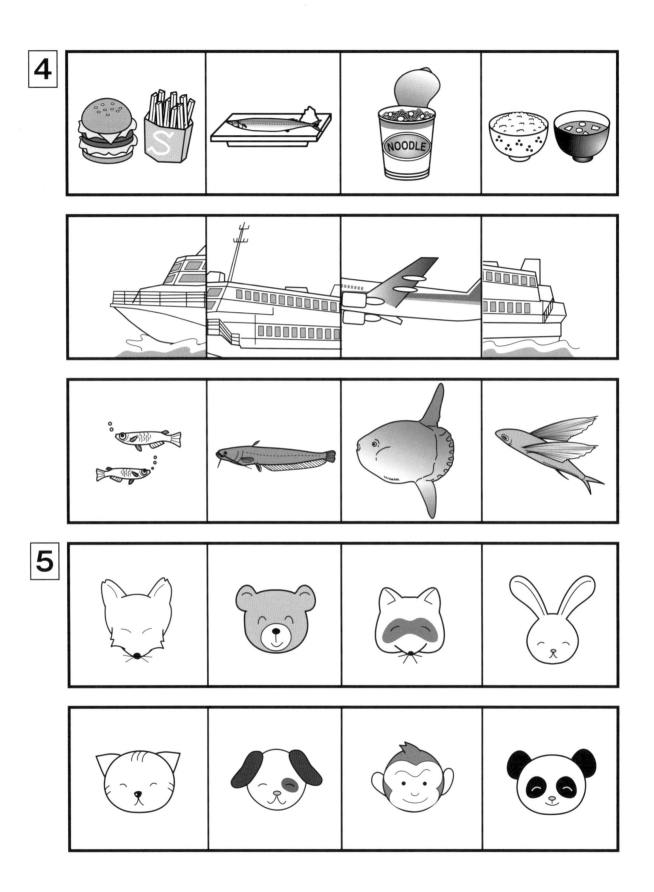

6

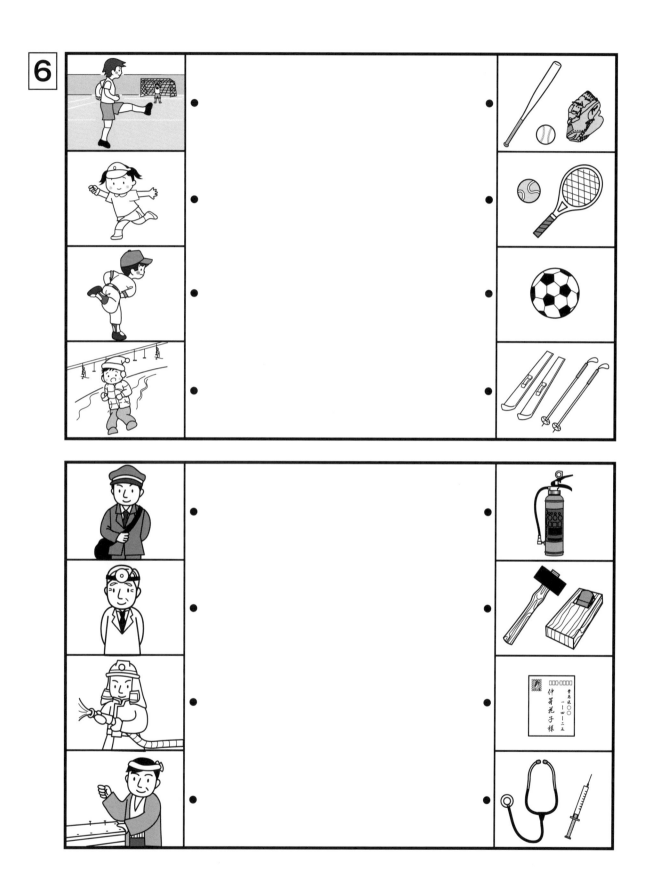

7

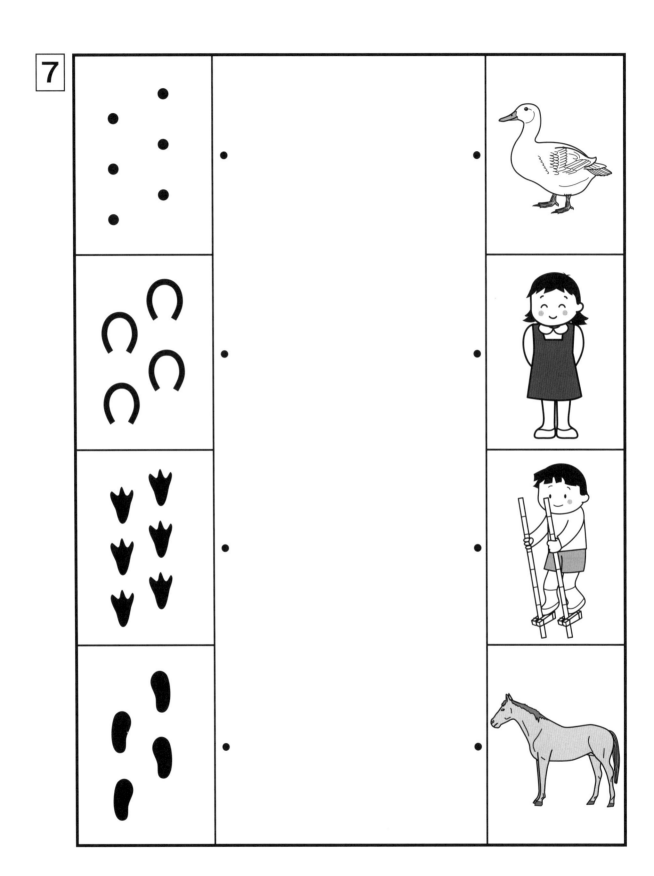

8

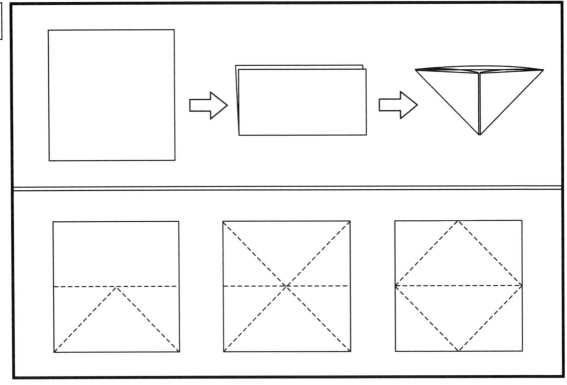

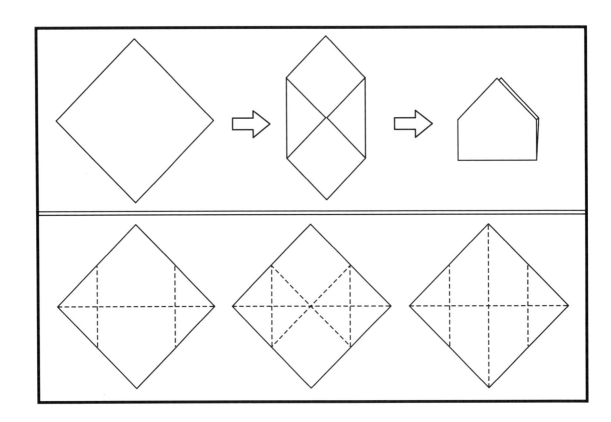

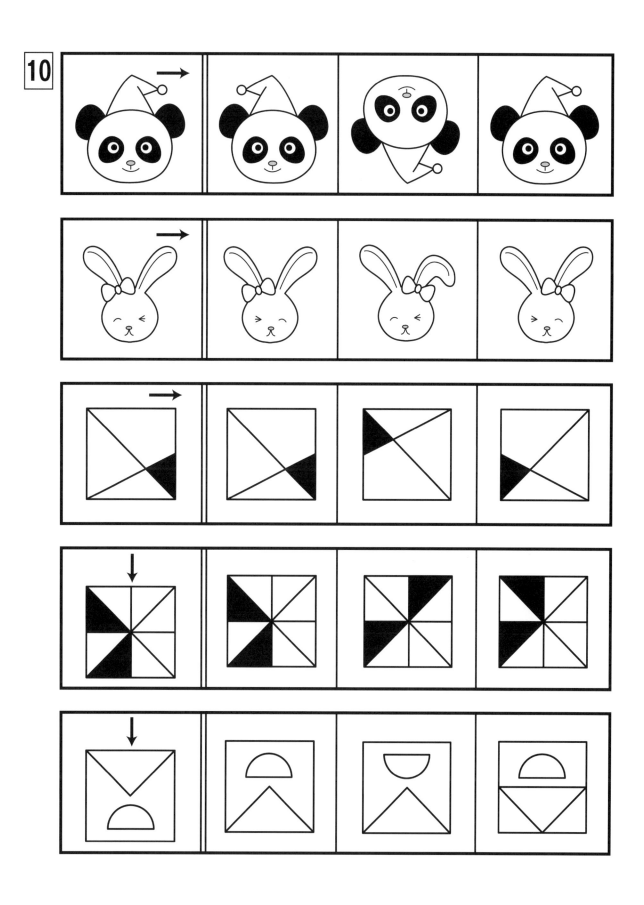

11

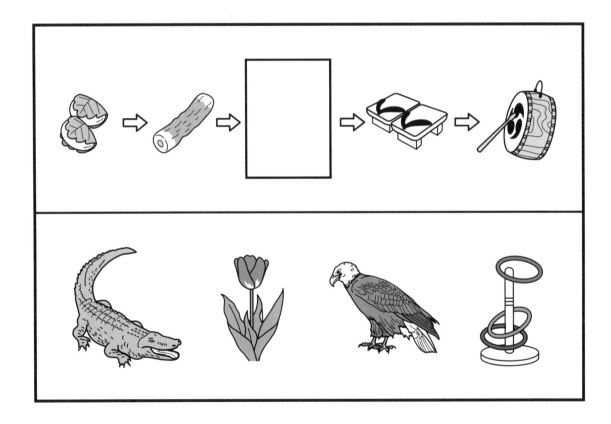

12

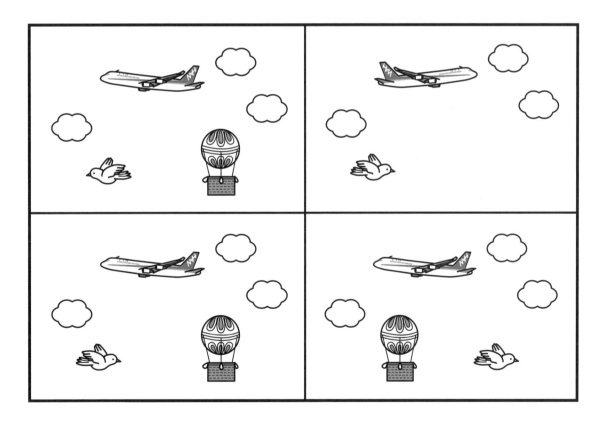

14

2024学校別過去入試問題集

✏ 年度別入試問題分析【傾向と対策】　　✏ 学校別入試シミュレーション問題　　✏ 解答例集付き

伸芽会の有名小学校合格シリーズ

Shinga-kai

カラーページ増殖中！
※2022年秋実施の入試問題を含む

過去5〜15年間分
全44冊52校掲載
定価3410円〜3520円
（本体3100円〜3200円＋税10%）

全国の書店・伸芽会出版販売部にお問い合わせください。

 伸芽会　出版販売部 **03-6914-1359** （10:00〜18:00 月〜金）

〒171-0014 東京都豊島区池袋2-2-1 7F　https://www.shingakai.co.jp

 2023年2月より順次発売中！

© '06 studio*zucca

［過去問］ 2024

東京学芸大学附属 小金井小学校 入試問題集

解答例

入試シミュレーションの
解答例もあります！

© 2006 studio*zucca

Shinga-kai

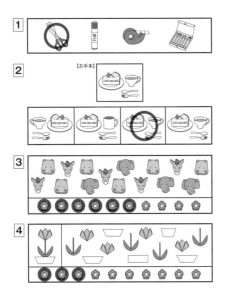

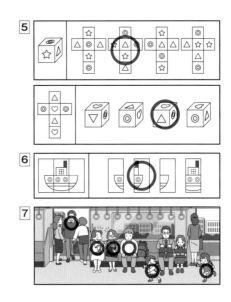

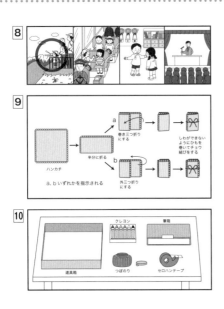

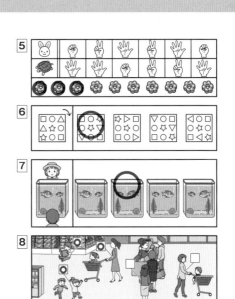

9

10

11 【男子】
①折り紙を3回半分に折る　②広げて、折り線が縦になるように置く
③横1本分ほどの太さを下から折り返す　④折り返しの端まで線の折り線に沿ってちぎる

【女子】
①折り紙を3回半分に折る　②広げて、折り線が縦になるように置く
③上下とも横1本分ほどの太さを折り返す　④互い違いに折り返しの端までちぎる

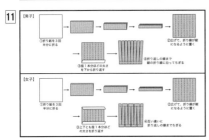

※3は解答省略

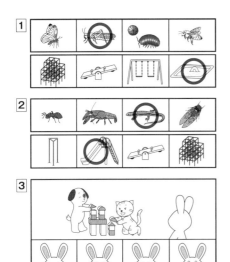

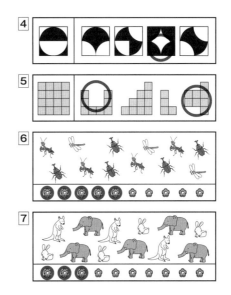

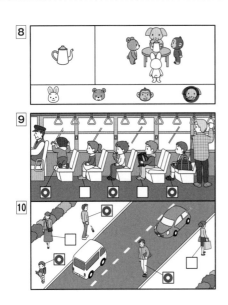

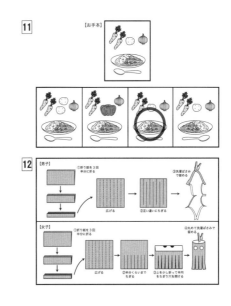

8

9

10

11 【お手本】

12 【男子】
①折り紙を3回半分に折る　広げる　②互い違いにちぎる　③洗濯ばさみで留める

【女子】
①折り紙を3回半分に折る　広げる　②半分くらいまでちぎる　③上を少し折って半円をちぎり穴を開ける　④丸めて洗濯ばさみで留める

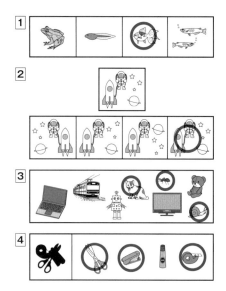

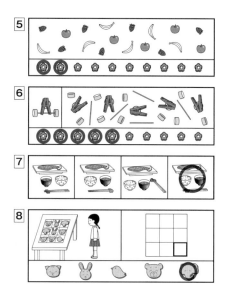

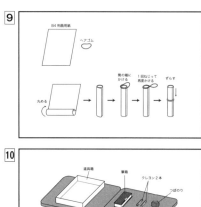

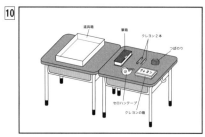

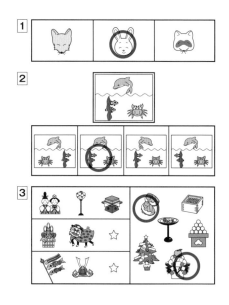

6

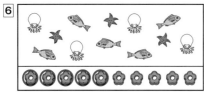

7

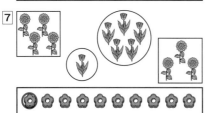

8

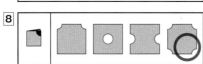

9

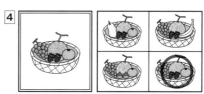

10

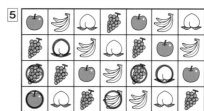

1

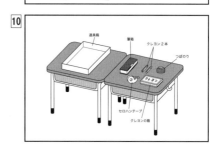

2

3

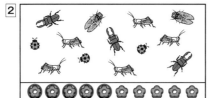

4

5

6

7

8

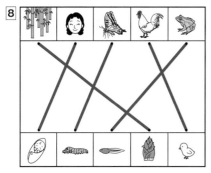

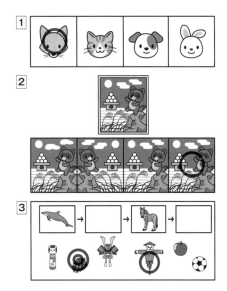

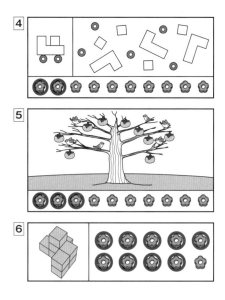

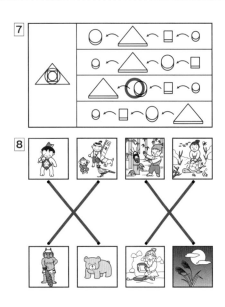

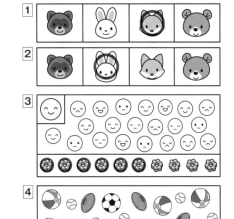

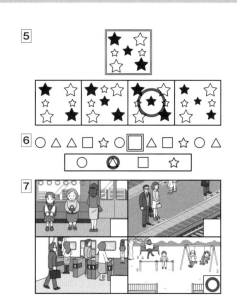

8

9

1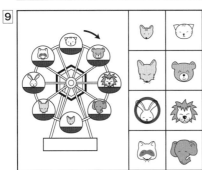

2

3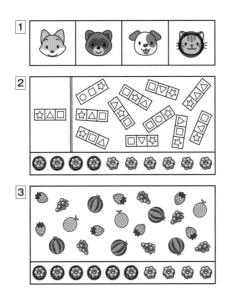

4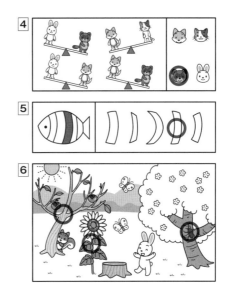

5

6

7

8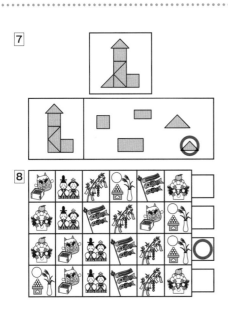

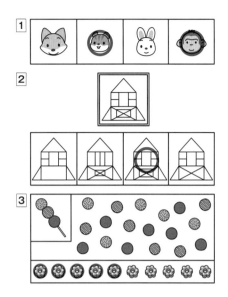

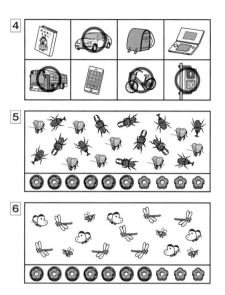

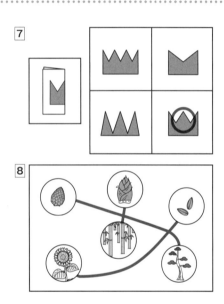

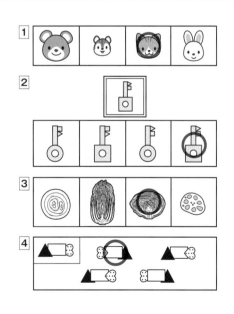

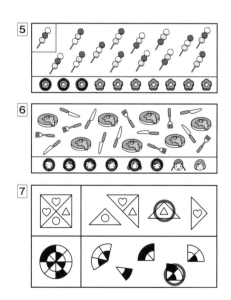

8

【お手本】

① ⇒ ねじる ② ねじる ⇒ ③完成

ねじる 上に折り曲げて完成

【お手本】

① ⇒ ② 少し残して 2回ねじる ⇒ ③ つぶす

3回ねじる

完成 ねじる ねじる

1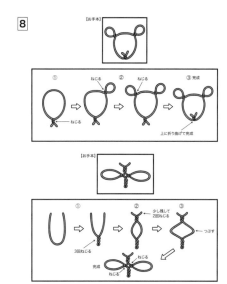

2

3

4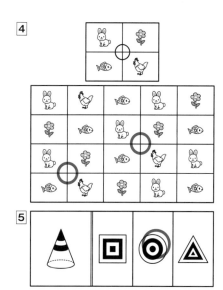

5

6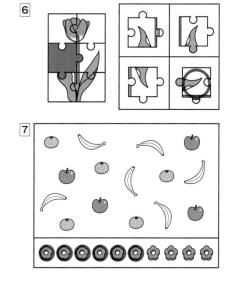

7

8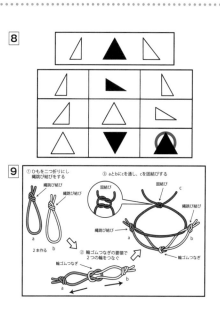

9 ①ひもを二つ折りにし 縄跳び結びをする ③ aとbにcを通し、cを固結びする

縄跳び結び 縄跳び結び 固結び

固結び c

縄跳び結び

a b a 縄跳び結び b

2本作る ② 輪ゴムつなぎの要領で 2つの輪をつなぐ 輪ゴムつなぎ

輪ゴムつなぎ

a b

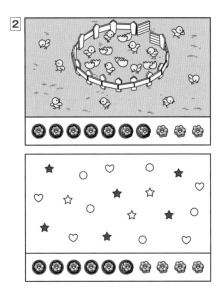

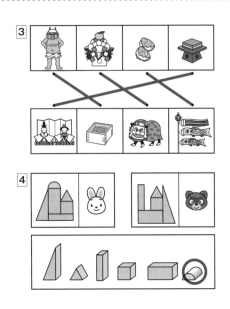

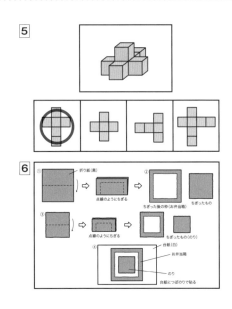

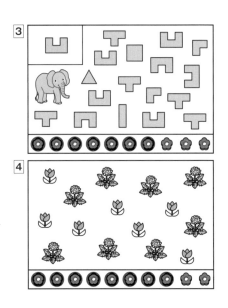

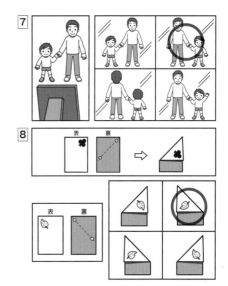

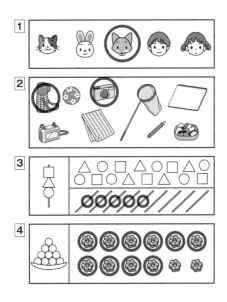

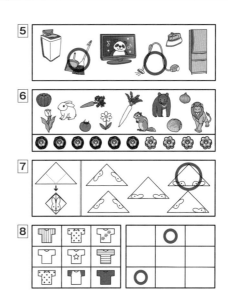

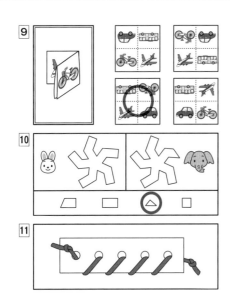

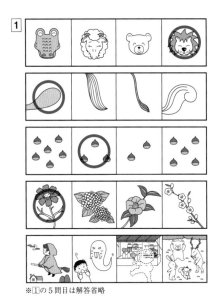

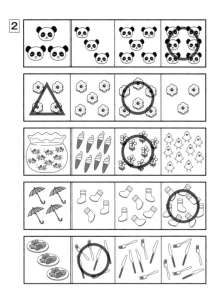

※①の5問目は解答省略

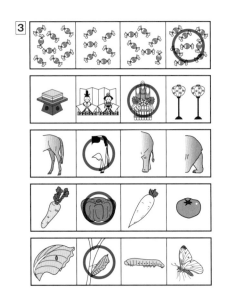

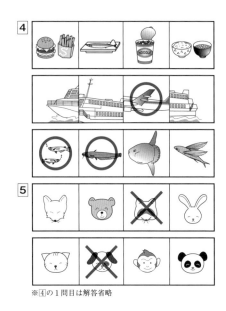

※④の1問目は解答省略

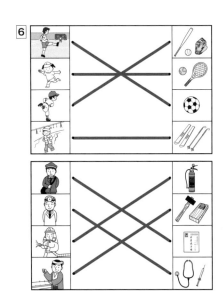

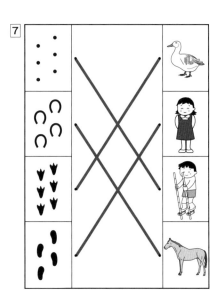

8

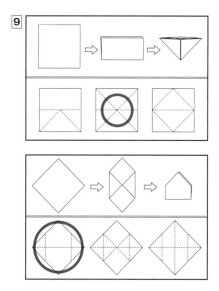

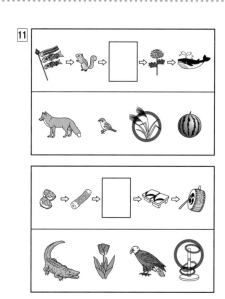

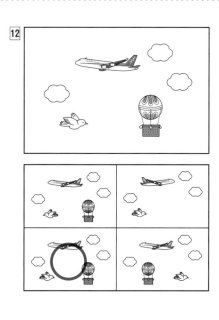

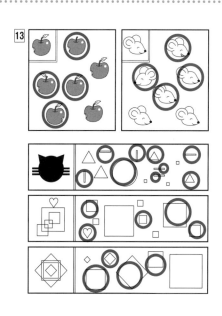

memo

Shinga-kai